JN260732

「正義」の再構築に向けて
国際刑事裁判所の可能性と市民社会の役割

恵泉女学園大学・大学院 編／上村英明・齊藤小百合・東澤 靖 監修

現代人文社

国際刑事裁判所に期待する――一人の女性として

　2002年の秋に、恵泉女学園大学は大学院創立2周年を記念して『国際刑事裁判所の可能性と課題――紛争下の暴力を裁く国際機関の役割』と題する国際シンポジウムを行いました。その記録をもとにして、新たな書き下ろし論文や資料も加えて、このような本を出版するに至りましたことをたいへん嬉しく思っています。

　今から74年前の1929年に恵泉女学園を創設した河井道は、聖書・国際・園芸を3つのキーワードにした、きわめてユニークかつ時代を先取りした教育を始めました。彼女は「戦争は女性が世界情勢に関心を持つまでは決してやまないであろう。それなら、若い人たちから――それも少女から始めることである」（河井道著『わたしのランターン』より）と決心して、国際理解を深め、平和に貢献する独立した女性を育てようとしました。軍国主義のはびこる当時の日本の中で、彼女は決してひるまず勇気を持って突き進んだのです。

　1988年に誕生した大学も、2001年にスタートした大学院も、そうした創立者の想いを受け継ぎ、高等教育の中にそれを生かそうとしています。2001年には大学院開設を記念して国際シンポジウムを行い、アジア諸国の女性研究者たちとの話合いをとおして、アジア各地で紛争の最中にある女性たちがいかに大きな犠牲を強いられているかという事実をあらためて確認しました。このシンポジウムの成果を受けて、翌年に2回めの国際シンポジウムで国際刑事裁判所の問題を取り上げたことの意義はきわめて大きいものがあります。私は女性として、また国際関係の歴史を研究する者として、過去何千年の間、どれだけ多くの女性たちが声を出すこともできずにその権利を奪われ、殺されていったかということを思い起こさずにはいられません。その多数の、人権を認められなかった女性たちの声が、今、国際刑事裁判所の規程の中に盛り込まれようとしていることは、まさに歴史上の新しい画期を迎えたのだと思われます。にもかかわらず、日本政府がそれにきわめて消極的な反応しか示さないことはたいへん遺憾なことです。日本の政治指導者たちの多くの意識は時代錯誤も甚だしいといわざるをえません。

　また、私どもの大学はキリスト教主義に立っています。キリスト教では「和解」や「赦し」をとても大切に考えますが、それはあくまでも「正義」と「公正」に裏打ちされたものでなければならないという点をぜひとも指摘したいと思います。事態の本質を曖昧にしたままでの慣れ合いの「和解」や「赦し」ではなく、そのことに関わる「正義」と「公正」が何であるかを明らかにしたうえで「和解」と「赦し」を実現するには何が必要なのかを考えたとき、国際刑事裁判所の存在の重要性が鮮明に浮かび上がってきます。私たちは、国際法の専門家ではなくても、一人の人間として、そして日本人として、これからこの国際刑事裁判所が本当によい働きをしていく方向に向かうように、具体的な行動を起こしていきたいと思います。そのよすがとして、この本が役立つことを切に願うものです。

　2004年1月23日

　　　　　　　　　　　　　　　　　　　　　　　　恵泉女学園大学学長　石井摩耶子

目次

国際刑事裁判所に期待する――一人の女性として　1

近年の最も重要な国際法の発展としての国際刑事裁判所　6
クラウス・クレス

はじめに　6
ICC規程の成果　8
　常設であること　8
　対象犯罪の明確化　8
　刑事手続きの充実化　9
　国家による訴追の優先　9
ICC規程の主要な成果に対する評価　10
　対象犯罪　10
　刑法の一般原則　11
　刑事訴訟手続き　12
ICC規定の弱点　13
　「侵略」罪に対する管轄権の行使ができないこと　13
　管轄権が限定的であること　14
　国家の義務が充分でないこと　15
おわりに　16

国際刑事裁判所は今や現実化した　19
ヴァヒダ・ナイナール

ICCの早期発効実現の要因　19
ICC規程の意義　20
　ジェンダー犯罪と性暴力犯罪に関する規程　21
　　a) レイプに対するかつての認識
　　b) 女性に対する犯罪への認識の転換
　　c) アド・ホック国際刑事裁判所の先例
　被害者の権利に関する規程　24
地域レベルでの活用　25
ICC規程の犯罪の抑止機能　26
米国の抵抗とそれに対する締約国の役割　27

米国の抵抗　27
　　ICCに対する妨害の排除　28
　　無制約の超大国という神話　28
　日本に対する期待とICCへの期待　30

国際刑事裁判所の可能性と課題　33
2002年11月9日国際シンポジウムより

　国際刑事裁判所とは何か　33
　ICC批准に際してのドイツの取組み　34
　　ドイツ憲法との整合性の確認　35
　　国際協力に向けた法改正と立法　37
　　司法システムの改革　38
　　日本に対するアドバイス　41
　日本におけるICC加入の意義　41
　　日本政府とNGOの現状──ローマ会議での経験から　42
　　極東国際軍事裁判の足かせ　44
　　9・11以降の世界の動き　45
　　ICC批准に向けて　47
　ICC設立に貢献したNGOの立場からのコメント　48
　　ICC規程の限界と可能性　48
　　日本に対する要望　50
　　イラクに関する決議を聞いて考えたこと　51
　　「補完性の原則」の意味と多国の批准の必要性　51
　　米国の姿勢と「自国民不引渡し原則」　53
　　米国のさらなる策動──二国間条約　55
　　拷問等禁止条約への対応から見えてくる日本の姿勢　56
　　NGOが今後なすべきこと　58
　質疑応答　59
　　日本は二国間条約を結ぶのか　59
　　現在の政治状況において日本政府と日弁連がICCに消極的な理由　60
　ジェンダーの視点から見るICCの課題　62
　　ICC規程における女性に対する犯罪の位置づけ　62
　　ICC規程起草作業における抵抗　63
　　ICCの手続きにおけるジェンダーの問題　64
　　性的犯罪の位置づけが可能となった背景　65

ICCの構成員にもジェンダーの視点を　65
　　　性犯罪以外のジェンダー犯罪　66
　　アフガニスタンの現地調査を通して　67
　　　アフガニスタンの現状　68
　　　私たち日本人の責任　71
　　　民衆によるアフガニスタン戦犯法廷　72
　　　ICCの時代にNGOは何をすべきか　75
　　東ティモール支援の経験から　76
　　　犯罪を裁くことの必要性・重要性　77
　　　不処罰がもたらす犯罪の連鎖　79
　　クレスさんからのコメント　81
　　　ジェンダーの問題について　81
　　　アフガニスタンに対する米国の罪について　82
　　質疑応答　83
　　　ICCに対する法務省の対応　83
　　　ジェンダーに関する犯罪は何をどう裁くべきか　84
　　　国内における司法プロセスをどのように判断するか　86

国際刑事裁判所の設立と弁護士の役割　89
東澤 靖
　　ICC規程の発効と締約国会合　89
　　ICCにおける弁護士の地位と問題点　90
　　　弁護士の役割とICC規程　90
　　　ICC付属文書における弁護士の規定　90
　　　弁護士の職務をめぐる問題点　91
　　国際的な弁護士組織の関与　93
　　　国際刑事弁護士会の設立　93
　　　ICCの書記局長の作業への弁護士会の関与　94

国際刑事裁判所設置に向けたNGOの取組み　97
寺中 誠
　　ICC設置までのNGOの活動　97
　　ICC設置から現在までのNGOの活動　99
　　NGOの今後の課題　101

民衆法廷の思想と実践　102
アフガニスタン国際戦犯民衆法廷
前田 朗

　はじめに　102
　民衆法廷とは何か　103
　アフガニスタン国際戦犯民衆法廷　105
　　民衆法廷の構想　105
　　民衆法廷のモデル　106
　　戦争被害調査　108
　　公聴会　110
　　法廷の構成と公判　111
　民衆法廷の意義　114

「国際刑事裁判所規程」と沖縄における駐留米軍の意味　122
「日米地位協定」を新たな国際法から考える
上村英明

　はじめに　122
　米国のICC敵対政策とその論理　122
　　３つの敵対政策　122
　　敵対政策の論理とその反証　124
　沖縄における駐留米兵の犯罪とその免責　125
　ICC、「日米地位協定」、そして沖縄における人権保障　126
　　ICCと「米軍地位協定」　126
　　沖縄における人権侵害とICC　127

ICC規程署名・批准／加入国（138カ国）　130
米国不処罰二国間協定の状況　132

あとがき　133

近年の最も重要な国際法の発展としての国際刑事裁判所

クラウス・クレス

　本日は、「東京」において、この素晴らしい聴衆のみなさまにお話しできることをたいへん嬉しく、また、光栄に思います。私がもうひとつ嬉しく思うことは、企画をされた方々が、「国際刑事裁判所」を私の話のテーマとして選んでいただいたことです。理由はとても簡単です。この新しい国際機関が誕生することは、国際法における近年における最も重要な発展のひとつであると私が確信しているからです。

はじめに

　まず、第二次世界大戦後のドイツの指導的外交官であり、有名な『国際法の諸時代（The Epochs of International Law）』の著者である故ウィルヘルム・グレーベ（Wilhelm Grewe）の引用から始めたいと思います。1989年に、グレーベは次のように言っています。

　「『ニュルンベルク裁判』は、きわめて稀な出来事だった。それは、その後継続もしなかったし、また、発展もしなかった。この失敗を信じ続け、『国際刑事裁判所』がいつの日か総括的な国際刑事法を活用するかもしれないと希望を抱き続けることは、したがって、決して賢明なことではない」。

　1989年には、たぶん、多くの識者がこの見解を現実的だと考えたことでしょう。しかし、注目に値する発展がグレーベの見解を覆したのは、それからわずか13年後のことでした。

　旧ユーゴとルワンダにおける残虐行為が転換点になりました。それらの人類の悲劇に直面して、国際社会は、不処罰（impunity）や集団的健忘症（collective amnesia）がその国際犯罪に対する誤った回答であると、ようやく結論づけました。それに代わり、国際法の最も基本的なルールに対する尊敬を本気で考えなければなら

ない時代が到来したと感じられたのです。それは、まるで国際社会が以下の「ニュルンベルク判決」の有名な言葉を思い出したかのようでした。

「国際法に対する犯罪は、抽象的な主体によってではなく、人間によって犯されたものであり、こうした罪を犯した個人を処罰することによってのみ、国際法の条文を実行することができる」。

それは、グスタフ・モワニエ（Gustave Moynier）が1872年に国際刑事裁判所を求めて提出した最初の重要な提言の中にも同じ精神を見つけることができます。多くの人々がその後も行ったように、彼は、当初世論の圧力によって国際人道法の尊重は充分に確保されるだろうと信じていました。しかし、普仏戦争で犯された残虐行為の経験から、モワニエは考えを変え、「純粋に道徳的な処罰」は「抑えの効かない激情を阻止」するには不適当であると主張しました。

モワニエによって、また、「ニュルンベルク国際軍事法廷」によって発せられた力強いメッセージを蘇らせたのは、とりわけ、米国でした。米国は、旧ユーゴとルワンダで犯された恐ろしい犯罪に対する道徳的非難を具体的な法的措置に転換する2つの国際特別法廷（International Ad Hoc Tribunals）の設置を指導しました。グレーベの深く懐疑的な予想に反して、ICTY（旧ユーゴ国際刑事法廷：International Criminal Tribunal for the Former Yugoslavia）とICTR（ルワンダ国際刑事法廷：International Criminal Tribunal for Rwanda）は、「ニュルンベルク裁判」、「東京裁判」の遺産を継続し、発展させたのです。そして、これらの国際法廷は、多くの問題に直面したにもかかわらず、国際刑事司法が機能可能なことを証明しました。

この経験は、1998年のローマにおける大きな進展、圧倒的多数の国家による「国際刑事裁判所規程（ICC Statute）」（以下、ICC規程）採択に道を開きました。わずか4年後の2002年7月1日、ICC規程は60番めの批准書の寄託後発効しました。今日、世界のすべての地域から81カ国がその規程を批准しており、139カ国が署名を行っています[*1]。この結果、裁判所は2003年の半ばまでには活動を始めるだろうという期待が現実的なものとなっています。

グレーベによって1989年には儚い望みだと考えられていたものが、15年を待たずして、あと一歩で実現するところまで辿り着いたのです。100年以上の独創的な法的思考と外交活動を経て、私たちは、今、国際法の支配を強化し、既存の集団安全保障システムを補完する、新たな集団的刑事司法システムをまさに目にしようとしています。

今夜は、この新しい集団的刑事司法システムを3つの段階に分けて概観したいと思います。第1に、ICC規程の主要な成果だと私が考えている点に焦点を当てます。次に、

ICC規程の弱点も明らかにしたいと思います。最後に、ICCの今後に関する見通しをお話しして結論に代えたいと考えます。また、ICC交渉において私はドイツ政府代表団の一員を務めましたが、私がこれからお話しすることは、すべて私の個人的見解であり、私の属する政府の公式な立場を必ずしも反映するものではないことを、強調しておきたいと思います。

ICC規程の成果

　ICC規程の成果についてお話しするには、刑法の基本的な原則から始めることが妥当でしょう。東京で話をするドイツ人の刑法学者にとっては、それは、とくに適切であると思います。なぜなら、日本とドイツは、私の信じるところ、刑法に対する基本的なアプローチに関して多くのものを共有しているからです。

常設であること
　ICC規程の第1の成果は明らかですが、それは依然として強調される必要があります。この条約によって、歴史上最初の「常設(permanent)」国際刑事裁判所が設立されます。それは、「特別に(ad hoc)」そして主として事件の後に設立された裁判所が置かれた国際刑事司法の最終段階を意味します。「ニュルンベルク法廷」から「ルワンダ法廷」までのこれらの裁判所は、訴訟手続きにおいて公平を確保する努力を払ったにもかかわらず、必然的に、例外的でしかないという批判に対して脆弱でした。国際刑事司法は、まさにその脆弱性の段階を乗り越えようとしています。

対象犯罪の明確化
　第2点は、実体刑法に関係しています。ここで、ICC規程は、2つの主要な原則である「罪刑法定(主義)(nullum crimen)」と「法の確定性(legal certainty)」を大きく強化しました。よく知られているように、「ニュルンベルク裁判」と「東京裁判」の先例は主に「罪刑法定」原則の下で問題視されてきましたし、また、侵略戦争の遂行に対する有罪判決とこの原則を1946年という年に結びつけることはきわめて困難でした。ICTYとICTRの場合には、「罪刑法定」原則は、再び、「非」国際武力紛争において犯された戦争犯罪の認証に関していくつかの疑念を呼び起こしました。
　ICCに関していえば、状況は根本的に変化しました。規程第22条は、新しい裁判所が条約にリストで示された中核的な犯罪のみに管轄権を有すること、また、判事は類

推によってこの管轄権を拡張してはならないことを明確にしています。それは、ICCがその設立条約の外部にある国際慣習法に基づいて判決を下してはならないことを意味しています。

同様に、国際刑事法の以前の発展段階における訴訟においてそうであったように、犯罪は裁判所の権限のみによって示されるものではありません。その代わり、ICC規程第6条〜第8条は、対象犯罪の定義に関してその要素を明確にした点で、最初の誠実な試みとなっています。ICC規程の採択後、米国のイニシアティヴによって、犯罪の内容を明確化するための努力が補足的に進められました。この努力の結果、「対象犯罪の要素(Elements of Crimes)」[*2]と呼ばれる、ICC規程第6条〜第8条の適用に関して将来的に判事を補助する文書が最近採択されました。

告白しますと、最初私はこの追加文書作成作業の有用性に関してかなり懐疑的でした。しかし、最終的に、私は米国代表団に対し謝意を表さなければなりません。すべてを考慮しても、「対象犯罪の要素」が具体性に大きな貢献を行ったからです。

刑事手続きの充実化

第3の主要な進歩は、刑事手続きに関するものです。この分野では、「諸国家」は、今や確実に「国際的立法者(international legislators)」としての地位を確立しています。ご存知のように、2つ(ICTYおよびICTR)の特別法廷の手続法は、ほとんど判事によって作られました。安全保障理事会がこれらの国際法廷の設置を決議したとき、「手続きおよび証拠に関する規則(Rules of Procedure and Evidence)」を策定するために利用できる時間がほとんどなかったからです。判事によってこうした規則が起草されることは、明らかにその理想的な解決策ではありません。

ICCの場合、状況は異なっています。つまり、2カ月前に締約国会議によって「手続きおよび証拠に関する規則」が正式に採択されましたが、これは「国際刑事裁判所のための準備委員会(Preparatory Commission for the International Criminal Court)」内部で2年間にわたって行われた徹底的かつ実り豊かな交渉の結果なのです。

国家による訴追の優先

刑法の基本原則に関するこれらのきわめて重要な前進を別にしても、ICC規程は、国際刑事司法と国家主権の間に新たなバランスの基礎を築きました。ICTYとICTRには、国内裁判所に対して、最も広範な優先追及権限が与えられました。この原則

が最初に適用されたとき、その舞台はドイツでした。被告ドゥスコ・タジッチ（Dusco Tadic）はドイツの裁判所に起訴されていましたし、事件はドイツで裁判にかける準備ができていました。このとき、ICTYは、タジッチの引渡しを求め、その結果、国際レベルの審理に移すためドイツの訴訟手続きは中止されました。これは、完全にドイツの主権に対する大きな侵害行為でした。

同様なことは、ICCに関しては起こりそうにありません。国家がICC犯罪を捜査する意思を持ち、それが可能であるかぎり、その優先権限はその国家にあるからです。ICCは国際法上、犯罪訴追の独占者として想定されていないのです。ICCは、国家に対し、むしろ、以前にも増して、より包括的に国内レベルの責任を担うことを求める刺激剤とみなされるべきです。

しかし、ここで一点付け加えておきたいと思います。補完性（complementarity）は、必ずしも優先権限を行使する義務ではなく、むしろ権利だとみなされるべきだということです。さまざまな理由から、国家が、ある事件に関し、国際裁判が国内裁判よりもよい結果をもたらすだろうという結論に達することも充分考えられるのです。このような場合には、国家は、主権に基づいてICCに優先権を与える決定を下すことができます。ドイツは、その実施立法に、この趣旨に沿った条項を1つ挿入しました。

ICC規程の主要な成果に対する評価

それでは、ICC規程のより具体的な成果に話を移したいと思います。詳細には入りませんが、私が触れておきたいのは、次の3つの主要分野です。対象犯罪、刑法の一般原則、そして、刑事訴訟手続きです。

対象犯罪

対象犯罪の分野では、ICCは、2つの重要な点で躍進を遂げています。それは、「平時において犯された人道に対する罪」および「非国際的な武力紛争において犯された戦争犯罪」に関する認識です。「ニュールンベルク裁判」と「東京裁判」の前例は、「国際的な（international）」武力紛争において犯された戦争犯罪と戦争犯罪や侵略に関連した人道に対する罪に限られていました。国際刑事司法の発展は、「国内（internal）」紛争に適用される国際ルールに関する最も重大な違反にも関心が向けられたとき新たな段階に入るということを、唯一ICTYとICTRの判例法だけが示していました。

ICC規程の第7条・第8条は、1995年10月2日の有名なタジッチ判決[*3]の次の言葉

に雄弁に要約された、この判例法のある意味で厳粛な確認となっています。

「国家主権志向のアプローチ（State-sovereignty-oriented approach）は、徐々にではあれ、人間志向のアプローチ（human-being-oriented approach）に取って代わられてきた」。

ICTYとICTRの判例法がICC規程に取り入れられたことは、国際法秩序において、前進に向けての貴重な一歩です。それは、注意深く統合されなければなりません。この統合は、人権侵害をできるだけ多く犯罪化しようという拡張主義的姿勢では達成されるものではないでしょう。まったく反対に、私の考えでは、人道に対する罪の概念を制限的に解釈し、疑問の余地なく犯罪として「普遍的に（universally）」非難される行為にその範囲を厳密に限ることが決定的に重要であるように思われます。

要約すれば、ICCは、国際人権法をますます発展させるのにふさわしい手段ではなく、むしろ普遍的に受諾可能な人権の中核に対する大規模侵害に対応する道具なのです。

刑法の一般原則

刑法の一般原則に移りますが、誰もが、歴史上初めて国際刑事法の総論部分が定式化されたことを必ず特筆することでしょう。興味深いことに、ICC規程の第3部は、いくつかの点でICTYおよびICTRの法理から逸脱しています。2つの事例だけお話しますが、第1に、「上官の命令（superior orders）」は、法の錯誤に伴うものであれば、戦争犯罪に対する刑事責任を除外する原因になることがあるということです。第2に、「強制（duress）」による行為は、無実の生命を殺害した場合さえ、機能することがあります。

何人かの識者は、これらの解決策を慣習法上の規準に照らして遅れをとるものであり、国際犯罪の特別の重さを軽視するものであると批判してきました。もっともな意見ですが、残念ながら私は同意しかねます。私の意見では、第3部で採択された解決策は、国際犯罪の重大性とそれらを抑止する義務が個人責任の規準を引き下げることを正当化するわけではないという事実を正しく認識しています。したがって、ICC規程第3部が、これまでの国際文書や判決に比べ、有責性（culpability）の基本原則に、より重要な地位を与えていることは歓迎されるべきです。

有責性の原則は、それどころか「手続きおよび証拠に関する規則145」[*4]で明示的に言及されています。規則145は、判決を下す場合には、裁判所は、いかなる総合的判断も有罪を宣告される人物の有責性を熟考しなければならないことに留意すると述

べています。

刑事訴訟手続き

　最後は、刑事訴訟手続きに関する議論です。その発展は、ICC規程の採択以前、著しくコモンローの伝統によって影響を与えられてきました。たとえ2つの特別法廷の法手続きにおいて異なる系統の法則がやがて導き出されてきたとしても、これは真実です。しかしながら、単一の法系統に強く依存する手続き体系の下で、普遍的な受諾を得ることは困難です。

　それゆえ、私は刑事訴訟手続きをICC規程とその「手続きおよび証拠に関する規則」のもう1つの重要な達成物、異なる国家の手続上の伝統間に存在するギャップに橋をかける意味ある努力、として検討します。それは、全体的な妥協案に関するいくつかの重要要素を指摘することで充分かもしれません。

　第1に、ICC規程の下での国際検察官は、客観的な判断を行う司法機関です。検察官には、有罪となる状況ばかりでなく、無罪となる事情をも捜査する任務がはっきりと委ねられています。この背景の下では、ICCにおける公判段階では、私たちがICTYやICTRの裁判で見るような、検察側と弁護側の違いを鮮明に見ることはたぶんないでしょう。

　第2に、国際捜査は、独占的に検察官の手に委ねられているわけではありません。なるほど検察官はこの段階において最も強い影響力を持っていますが、一定の権力が「予審裁判部（Pre-Trial Chamber）」にあると考えられてきました。それは、検察官が自らの権限（propriu motu）で着手したがっているいかなる捜査に対しても承認を与えなければなりません。同時に、通常とは異なる捜査が必要な場合、「予審裁判部」は、率先して弁護側のために証拠を保存することもできます。この法的権限の再分割は、コモンロー・モデルを反映したものではなく、また、かつての日本やドイツの制度そして現在のフランスの捜査判事制度を模倣したものでもありません。それは、むしろICC規程の下でのユニークな国際手続きの最もよい実例の1つなのです。

　公判においては、少なくとも「日本」モデルと類似性を持っている、混合型の糾問主義・弾劾主義的な解決法が採用されています。それは、検察側と弁護側が証拠に関する口頭弁論において、たとえばドイツやフランスの制度における以上に、より重要な役割を演じることにおそらくなることだと思います。しかし、裁判官は、真実を立証するために必要だと思われるすべての措置をとるための残余権力を保持していますし、ICCの裁判官がコモンローの陪審制裁判における裁判官よりもより介入主義的な立場に

立つであろうことが予見できます。

　これらは、魅力的な新制度のほんのいくつかの重要な特徴にすぎません。すべてのことを考え合わせて、私は、普遍的な受諾をうるに値する手続法上の枠組みの発展が行われたと思います。

ICC規定の弱点

　それでは、私がICC規程の弱点だと考えるいくつかの点に話を移しましょう。

「侵略」罪に対する管轄権の行使ができないこと

　第1に、しばらくの間、ICCは「侵略」罪に対する管轄権の行使を行うことができません。これは、侵略罪が国際法上の究極の犯罪として特徴づけられたニュルンベルク裁判や東京裁判の判例法以前への後退です。

　確かに、究極の犯罪という名称が正しいかどうか、あるいは、ジェノサイドを犯罪の中の犯罪と呼んだICTRが正しかったかどうかを判断することは無益な思考実験です。しかしながら、いつの日かICCが侵略罪に対して管轄権を行使することが可能となることは疑うべくもありません。これを考える理由はいたって簡単です。新しい国際刑事司法制度が国際平和の維持と回復に演じる重要な役割を持つことは広く受け入れられています。侵略罪は、同様に、最も直接的に国際平和と安全保障に影響を与える行為の類型にほかなりません。国際平和や安全保障に対する直接的で重大な違反を有罪として起訴できない国際刑事法廷は、不完全であるという誇りを受けなければなりません。

　これが意味するものとして、私は、もちろん、侵略の定義に関して合意に到達することがいかに困難であるかを認識しています。ここで、もう一度、私は、限定的なアプローチが拡張主義的なアプローチよりも好ましいということを確信します。現行の国際慣習法の中では、侵略の定義は、ヒトラーやサダム・フセインの侵略戦争という歴史的な前例によって例示される明快で論争の余地のない事例に限定されるべきです。2000年に提出されたある「ドイツ」の作業上の論文は、次のように述べています。

　「侵略罪の最も重要な本質は、別の国家の領土（territorial integrity）に対する大規模で侵略的な武装攻撃であって、国際法によって正当化できないことが明らかであると推定される」。

　賢明なことに、締約国会議は、非締約国に対しても開かれた侵略に関する作業部

会を設置してきました。私は、今まさに説明した線に沿った控えめなアプローチこそがコンセンサスに到達する可能性を高めると考えています。

　もしコンセンサスに達することができない場合、ICC規程第121条5項では、受諾しない締約国にはその定義は適用されません。意外なことに、第121条5項は、非締約国に関して言及していません。私の意見では、純粋な公平性の問題として、同様な結論がここにも適用されると思います。

管轄権が限定的であること

　ICC規程の第2の弱点は、その限定的な管轄権です。安全保障理事会によって付託される場合を除き、ICCは申し立てられた犯罪が締約国の領土内で行われた場合およびその国民によって行われた場合のみ管轄権を有します。この妥協の解決策は、国家主権に対し不当な敬意を払っています。それは、ローマ会議に参加していた代表団の約80％が選択したものからはるかに後退したものです。ローマ会議では、圧倒的な多数が、よく知られた「韓国提案（South Korean proposal）」を選びました。この提案に従えば、ICCは申し立てられた犯罪の犠牲者が締約国の国民である場合、および最も重要に、申し立てられた犯罪者が締約国に拘禁されている場所で管轄権を有するはずだったのです。

　「韓国案」は完全に国際法の下での犯罪の本質を表現するものでした。この本質は、ICCの管轄権を正確に特徴づけたICC規程の前文第9段落に「国際社会全体にとって懸念となっている最も重大な犯罪」に管轄権を持つと再確認されています。

　国際法の下での犯罪という概念そのものが普遍的な管轄権を意味するという考え方は、第二次世界大戦後の米国の軍事法廷によって強力に進められてきました。「米国対リスト他訴訟（U.S. v List and others）」では、1つだけ例を挙げるとすれば、国際法の下での犯罪は以下のように定義されています。

　「普遍的に認められる犯罪行為であり、それは、重要な国際関心事として考慮され、一定の正当な理由で、通常の環境で行使される国家の排他的管轄権の内部に置かれてはならない」。

　国際司法裁判所（ICJ）で争われた最近の「コンゴ・ベルギー訴訟」では、裁判官の多数意見は、ICCが扱う犯罪に対する普遍的管轄権の存在を確認しました。この結果をもたらした、入念に準備され優れた説得性を持った決定には、米国の裁判官トーマス・バーゲンソール（Thomas Buergenthal）も共同署名を行っています。

　より効果的な司法制度を必要とする緊急性を要する事件という観点から、現在の米

国政府が、ICC規程に記載されているはるかに限定的な司法制度にさえ反対の選択を行ったことは嘆かわしいことです。この妥協的解決策は、決して革命的ではありません。事実、それは完全に伝統的なものです。それは、領土とそれに付属する人々に関する論争の余地のない管轄権の派生的・集団的な行使を認めるものでしかありません。ICC規程に署名している139カ国は、既存の管轄権のこのような集団的行使を禁止するいかなる国際ルールも存在しないという見解を正確に共有しています。

　『法と現代的諸問題（Law and Contemporary Problems）』誌に2001年に発表された重要な論文*5の中で、メイドリン・モリス（Madeline Morris）教授は、ICCの司法制度の合法性を支持して提起された議論が「一定説得力を持つ（to some extent cogent）」ことを受け入れています。しかし、彼女は、その議論は政治的な視点からは見えるであろう重要な点を見落としているとも主張しています。モリス教授は、国際法の下での犯罪は一般に政府高官と関係していることを強調しています。このため、国際裁判は、直接個人の犯罪行為のみに関するものであっても、ある国家の政策に影響を与えると、彼女は主張しています。この事実によって、国際裁判は、申し立てられている犯罪者の国籍国の合意のみによって行われるべきであると、彼女は結論しています。

　私は、国際的な犯罪行為が、一般的ではないとしても、本当にしばしば国家の政策と関係しているというこの議論の前提を共有します。しかし、私は、まったく正反対の結論が導かれるべきだという意見を謹んで述べたいと思います。それぞれの訴訟において、問題となっている国際犯罪に関与していると申し立てられているまさにその国家の合意を必要要件とすることは、ほぼ免責の保障に等しいことは、歴史と常識の両者によって示唆されています。要約すれば、申し立てられている犯罪者の国籍国の合意に基づく制度に基盤を置くICC犯罪に関する国際ルールの実施には誰も本気になりえないということです。

国家の義務が充分でないこと

　ICC規程の第3の弱点は、めったに議論されません。それは、その新しい裁判所に対する国家の協力に関する法制度に関係しています。国家の協力なくして、ICCは、ICTYの初代の所長であったアントニオ・カセッセ（Antonio Cassese）の表現を借りれば、「完全に無力なもの（utterly impotent）」となることは明らかです。ICC規程の第9部がこの事実を充分に反映していると、私は思っていません。容疑者の引渡しに関する制度が程度の差はあっても受諾可能に見える一方、私は、他の形態の協力に

関する国家の義務が充分であるかどうかに疑問を抱いています。私の見解を2点に限定しましょう。

　第1に、国際検察官による現地捜査を受け入れる国家の義務は、ICTYやICTRの場合よりもより限定されています。それは、検察官が捜査プロセスを完全に掌握できる国内レベルに比較して、国際捜査をはるかに困難なものにするでしょう。その基盤の上で、捜査が成功裏に行われうるかどうかは、今後検討されなければなりません。

　第2に、ICTYやICTRの経験は、証人の証言が公正で効果的な国際裁判に欠かすことができないことを示しています。しかし、ICC規程の下では、国家は、証人をハーグに出廷させるいかなる義務も負っていません。これは、あらかじめ記録された信頼性の低い陳述書に大きく依存する点で、たぶんICCを非常に難しい立場に置くことでしょう。

　国際的な現地捜査を行い、あるいは、証人を出廷させるICCの権限は、刑事事件に対する従来の国家間協力の概念を越えるものだと、私は充分に認識しています。私は、こうした革新的な解決策は、国際刑事司法を充分に使えるようにするために求められていると思います。何人かの識者は、ICCは強力すぎるかもしれないと不安を抱いています。私がこれまで述べてきた観点から、私の懸念はむしろ反対の方向に向けられています。その協力制度下では、ICCはその使命を実現するには脆弱すぎるかもしれません。

　しかし、この弱点は、ICC規程の将来の改善ばかりでなく、寛大な実施立法によって改善することが可能です。たとえば、ハーグに出廷しようとしない証人をビデオ会議によって証言させること、あるいは、ICC裁判の一部を証人の属する国家領土で実施することを、国家は確保すべきです。ドイツは、ICCとの協力に関する国内法にこの趣旨の条文を加えています。

おわりに

　それでは、ICCの今後に関する結びの言葉に移りたいと思います。

　冒頭で述べましたように、ICCは、現在その業務を開始し、政治的に動機づけられた裁判に関する懸念が不当であることを証明する準備をほとんど終えています。けれども、充分な信頼性（credibility）をもってスタートできるよう、ICCに公正な機会を与えることが重要です。信頼性は、ICCの管轄権に対するいかなる無節操な例外をも拒否することを含んでいます。

残念ながら、最近採択された安全保障理事会決議1422がICCの信頼性を傷つけるものであることに触れなければなりません。それは、ICC規程第16条の起草者たちが考慮したケース・バイ・ケース・アプローチを歪曲したものであり、理論上裁判所の管轄権からあるカテゴリー全体の個人を免除するものです。

　決議1422は、さらに、国連憲章第39条の適用に関してきわめて危険な前例となりました。そもそも2002年7月に国際平和に対する脅威[*6]が存在したとすれば、そのときこの脅威は、将来のいかなる平和維持活動（peace-keeping operation）も拒否するという米国の発表によって引き起こされたものでした。

　2つの問題が生じます。まず、国際平和や安全保障に対する脅威を作り出すために、拒否権を行使することが正当たりえるでしょうか。次に、前例に直接反する措置を、安全保障理事会を動かしてこのように採択させることが正当たりえるでしょうか。私のいう前例とは、もちろん、1993年と1994年に行われた2つの特別法廷の設置を意味しています。ICTYとICTRを設置した安全保障理事会の2つの決議は、国際刑事司法は国際平和に対していかなる脅威ともなるものではなく、むしろまったく正反対のもの、つまり国際平和を回復する手段であるという前提を基礎にしています。

　最善の解決策は、いうまでもなく決議1422を2003年に更新しないようにすることでしょう。私は、安全保障理事会が自らを健全なものにするためにも充分強力であってほしいと思います。もしそれができなければ、国際司法裁判所が決議1422の合法性に関する意見を示す機会を与えられるべきだと思います。

　米国民のICCへの引渡しを禁止する二国間協定を締結しようという米国の現政権の意図は、決議1422と密接に関係しています。米国政府は、こうした協定はICC規程の第98条2項の下で可能であると主張していますが、残念ながら私は同意できません。

　第98条2項の背景にある考え方は、締約国と非締約国間にすでに存在する協定から生じる、締約国に対する義務をめぐるいかなる紛争をも避けることでした。交渉の期間中に絶えず言及されるこうした可能な紛争の事例に、現行のNATO軍地位協定がありました。締約国や署名国にICCに充分協力する義務から免れることを認める条文が第9部に含まれることは、いかなる点でも、予想されませんでした。言い換えれば、第98条2項は、第2部におけるICCの管轄権に関する繊細な妥協を、国際協力に関する第9部の裏口を通して不正に変更する手段として起草されたわけではなく、また現在、解釈されるべきでもないのです。

　2002年9月30日に欧州連合（EU）によって採択された「指針原則（Guiding

Principles）」がこの点を、少数派の地位を理由にはっきりと透明にしなかったことは嘆かわしいことです。他方で、EU原則は、米国によって提起された提案本体をICC規程の下での義務に調和しないとしてはっきり拒否しています。そして同時に、EU原則は、ICC犯罪に関し、どのような解決策に対しても免責の余地を与えない義務を正当に強調しています。私の意見では、後者のポイントは、ICC規程第17条に規定されたように、国内調査が見せかけで行われたかどうかに関するICCの最終決定権の認識に含まれなければなりません。

この観点から、ドイツの外務大臣ジョシュカ・フィシャー（Joschka Fischer）は、EU原則の採択後に、次のような見解を表明しました。

「私たちは協定に対するはっきりとした拒否をしていたらよかったと思いました。『原則』のおかげで、私たちはまさにそれに近づいたのです」。

より論争の余地がなく、建設的な話題で、私の話を終えたいと思います。ICCの業務の準備段階で次の重要なステップは、判事と検察官の選挙です。私は、選ばれた候補者たちが最も高度な専門規準に合致し、すべての地域と世界のすべての法系統を代表するものと確信しています。

私の希望を付け加えることができるとすれば、いつの日か日本出身の判事がICCを向上させてくれることでしょう。この希望は、また、締約国のなかでアジアは充分な代表権を得ていないという私の確信に基づいています。ICCが、その普遍的な使命を実現するために、とくに「日本」を含め、できるだけ多くのアジア諸国の支持を必要としていることを疑う余地はありません。

《訳者注》
- *1 2003年9月31日現在、ICC規程の批准国は92カ国である。
- *2 付属文書である「対象犯罪の要素」は、以下のウェブ・サイトで読むことができる。http://www.icc-cpi.int/library/basicdocuments/elements(e).html
- *3 プリェドール事件で起訴されたタジッチのICTYにおける事件番号はIT-94-1。懲役20年の有罪判決を受け、2000年10月からドイツで服役中。
- *4 「手続きおよび証拠に関する規則」は、同名の本規程第51条を補足する文書で、全12章225規則から構成されている。規則145は「判決の決定（Determination of sentence）」で、全文は以下のウェブ・サイトで読むことができる。http://www.icc-cpi.int/library/basicdocuments/rules(e).html
- *5 『Law and Contemporary Problems』誌の第64巻第1号（2001年冬号）は、メイドリン・モリスを特別編集者として「The United States and the International Criminal Court」と題する興味深い特集を組んでいる。
- *6 安全保障理事会決議1422は2002年7月に採択された。

（訳：上村英明）

国際刑事裁判所は今や現実化した

ヴァヒダ・ナイナール

ICCの早期発効実現の要因

　1998年6月、ローマにおいて、国際刑事裁判所（以下、ICC）設立規程を議論、交渉し、採択しようと、各国代表団が一同に会した際、予定された5週間の外交会議を終える時点で、ICC規程という形態としてなんらかの多国間条約が採択されることは明白であった。

　一方、条約がどの程度の期間を経て発効するかについては、未だ不明であった。最も楽観的な見方をする者でさえ、無期限ではないにしても少なくとも25年はかかるのではないかと見積もった。そうした冷ややかな推測にはいくつもの理由があった。たとえばまず第1に、多くの人権条約がそうであるように、各国は議論に参加することによって、人権や法の支配といった課題にリップサービスを提供するものの、条約そのものを批准するのには何年もの年月を費やすのである。第2に、他の条約と異なり、ICC規程は、国際人道法の法典化であるというだけでなく、これを国家主権の侵害と解釈する国もあるが、その実効性を確保する司法機関を設置するものであるという点である。第3に、ICCが政治的に動機づけられた訴追のために利用されうるというおそれを指摘できる。そして最後に、ICCが、いわゆる「第三世界」の犯罪者のみを訴追する西側先進国の裁判所と化してしまわないかという真正な危惧である。

　それゆえ、これら上述した懸念要因に反して、4年間という驚くべき短期間で条約の発効に寄与したいくつかの要因を探求することは興味深い。

　まず重要な要因として、ICCが遡及的管轄権を有さず[*1]、したがって、国内に処罰対象行為がもしあるとしても、国内的に内密に扱うことができるということに各国が納得したという点が挙げられる。

　第2に、ICCは、自国の国民に対して、また自国の領土内で侵された犯罪に対して、「一応推定される」（prima facie）管轄権を有さない、という点に各国が納得したということでもあろう。「補完性の原則」[*2]によれば、締約国が犯罪行為を裁くことができ

ないか、あるいは裁こうとしない場合にのみ、ICCは当該犯罪に対する管轄権を有するものとされる。

　第3の要因は、「国際市民社会」(international civil society)におけるICCに対する熱心な支援である。ICC規程の採択までの過程には、「ICCのための連合（CICC: Coalition of NGOs for an ICC）」やその構成メンバーのNGOのような非政府組織が参加し、構成メンバーの各NGOは、国内のNGOと協力して、力強くかつ持続的な批准を求めるキャンペーン、首都での宣伝・啓発活動を展開し、条約発効の鍵を握ると目される諸国へ働きかけ、国内での批准キャンペーンを展開するなど、活発な活動が見られた。また、これらのNGOは、議員や官僚に対する啓発活動や、人権団体や女性の権利団体の啓発活動や、国内法レベルでの実施法令整備の調査および草案起草の専門技術的支援を提供した。カナダなどの条約発効に鍵を握る諸国が他国の批准を促し、批准手続きにおける専門技術的支援を提供したことも挙げられる。

　1945年国際連合の設立に際して、従来の国家主権の概念は著しく変容し、多くの旧植民地が新たに独立を果たすなかで、それぞれの国家の領土的一体性を本質的に尊重することとなった。そうした国家主権の概念によれば、国の大小を問わず主権は平等であり、侵略や侵犯を受けることなく独立して存立する権利の重要性が強調された[*3]。1945年以来、各国は概してこの権利を尊重してきており、特定国が他国に対してあからさまに戦争を宣言するという事態は劇的に減少した。しかしながら、それに取って代わって、国際的な侵略に匹敵する、民族的あるいはアイデンティティに基づく国内的な対立や、それらに対する隠れた国際的支援の結果として起こる国内的対立・紛争が多発することとなった。そうした紛争においては、国境を守ることは必ずしも含まれないのであるから、国家主権の原理の新たな定義が必要である。すなわち、人間の安全保障(human security)、あるいは、国内的に市民を保護する責任、そして国際社会への責任を包含する概念としての国家主権の原理である[*4]。

　ICC規程の批准国の驚くべき数と速やかな批准は、このように変容しつつある主権概念が受容されている度合いを示唆しているともいえよう。少なくとも筆者は、このことは、世界各国が、ICCのような国際的メカニズムによって実現される人間存在の保護の必要性を認識していることを示唆しているものと考える。

ICC規程の意義

　ICC規程は、国連加盟189カ国の間での国際人道法・国際刑事法の法典化に関す

る困難な議論、交渉、そして歩み寄りのなかから生まれた成果である。それゆえ、理想がすべて実現された文書とはいえないだろう。実際、普遍的管轄権のような論点については、国際法上の既存の慣習さえも盛り込んではいない[*5]。

　しかしながら、ICC規程は、国際法上の「ソフト・ロー」を実定化し、最も非難されるべき犯罪を犯した者の責任を問う実施機関を設置する初めての文書なのである。それゆえ、それ自体が希望を与え、切望するに充分といえるのではないだろうか。これ以外にも理由はある。

　①ICCのようなメカニズムが必要とされるのは、権力にある者、あるいは権威ある立場にある者が、その権限を乱用し、非道極まりない犯罪を犯す場合である。そのような個人は主権や、外交特権その他の免責に隠されてしまう。ICC規程はそのような免責を認めない[*6]。

　②法体系の異なる諸国間のプラクティスの違いを乗り越えて、ICC規程は、犯罪の捜査、訴追および処罰といった刑事司法の概念を、犯罪の犠牲者および生存者への賠償、補償およびリハビリテーションをも包含する概念として拡張する[*7]。犠牲者の利害は訴追を行う利害関心とは異なるという認識に基づき、規程によれば、犠牲者は自己の利益を守るために裁判過程において犠牲者の法的代理人を参加させることができる[*8]。

　③検察官は、個人やNGOからの情報に基づき、自らの発意で（proprio motu）捜査を開始する権限を有する。したがって、被害を受けた個人や個人の代理となるNGOが、国際司法機関に行動を起こさせることができることとなった[*9]。

　④ICC規程によって初めて、女性に対する一連の犯罪類型を実定化し、犯罪の構成要件や手続きおよび証拠規則等に関する規定[*10]により、ジェンダーの視点による考慮の体系化を高度化した。

　以上のすべての要因が重要であるものの、ここでジェンダー犯罪および性暴力犯罪が盛り込まれたことの意義、そして犠牲者の権利とその代表という問題について考察する。

ジェンダー犯罪と性暴力犯罪に関する規程
a）レイプに対するかつての認識

　歴史的に、女性に対するレイプは戦時下においてはよくあることで、兵士によるそうした犯罪行為もごく当たり前のこととみなされたり、正当化されることさえもあった。女性に対するレイプは部隊の士気を高める方法として容認され、捕虜収容キャンプの女

性をレイプすることは敵軍に対する勝利を意味し、また捕虜となった女性をレイプすることは戦争に勝った際の報償ともされてきた。1949年のジュネーブ条約は、戦争行為に関する法規範を明確化した初期の条約の1つであり、女性の「名誉を尊重される権利」を提唱した。しかし女性は、自身の権利を有する人として扱われることはなかったし、名誉に対する攻撃と異なり、その身体に対する攻撃は犯罪を構成するものとみなされなかったのである[*11]。

　人道法において、レイプのように非道な犯罪に関する、そのような家父長主義的理解が含まれ、また、そうした理解に論拠が与えられたことによって、その後、レイプやその他の女性に対する犯罪が追及されることを免れることとなった。最も明白に見逃されていた犯罪として、いわゆる元「慰安婦」に対する犯罪を挙げることができる。1946年の東京裁判においては、大日本帝国軍による慰安所の設置が組織的なものであり、東南アジア全土から女性を拉致・徴募し、これらの慰安所で性的奴隷として強制労働させていたことが、調査を通じて充分な証拠としてあがっていた。にもかかわらず、東京裁判では、性的隷属の罪で起訴された軍指導者は一人としていなかったのである。

　このように、戦争や紛争で最も被害を受けるのは女性であるという認識は存在するものの、それが問題であるとはみなされず、したがって解決の必要性も認められることはなかった。以後40年以上にわたって、国際的な女性人権擁護団体は女性に対する犯罪という事実を認識させただけでなく、これらが解決されるべき問題であると理解されることに尽力してきたのである。そして、こうした理解を獲得し、次いでその理解を法案化、政策化、そして実践へつなげるというハードルが待ち構えることとなった。

b）女性に対する犯罪への認識の転換

　女性に対する犯罪の組織的利用が世界中の良心的人々に衝撃を与えたのは、1990年代初めのバルカン戦争においてであった。その結果として、設置された旧ユーゴ国際刑事法廷（ICTY）では、その規程中にレイプが人道に対する罪として盛り込まれた[*12]。ルワンダ国際刑事法廷（ICTR）設置規程も、ICTYの先例に従い、これらの国際刑事法廷がレイプを人道に対する罪として認識する流れを作り、ICC規程に引き継がれることとなった[*13]。しかしながら、戦争犯罪および人道に対する罪として、強制妊娠、強制売春、強制断種、その他の性的暴力のような一連の女性に対する犯罪をICC規程中に盛り込むことができたのは、「ジェンダー正義のための女性コーカス」として、世界中の女性が結集して提唱したことによるところが大きい。人道に対する罪である「迫害」に、迫害の理由の1つとしてジェンダーが規定されたのも、国際法の発展に

おける画期的な出来事といえる。

　国によって国内的な法制度の相違があるため、それぞれ異なる国に居住する女性たちは、性暴力犯罪に対する正義の実現のために、それぞれ各国の法制度を運用することに苦労してきた。法執行機関の女性差別的態度に立ち向かうことに始まり、性的虐待の犠牲者を被告人のごとく扱う証拠法に直面し、時には、なんら正義に合致しない判決に至るまで、性暴力犯罪に対する正義の実現への闘いは続く。「女性コーカス」による提唱の基盤は、こうした経験によって築かれたのであって、国際法のレベルの法制度において、女性が国内におけると同様の偏見に遭遇することのないよう確保することが目標であった。

　この目標は、概ね実現された。規程中に一連の女性に対する犯罪を盛り込むことができたのに加えて、革新的な証拠法原則や*14、検察局にはジェンダーおよび性暴力問題に専門性を有するスタッフの設置*15、裁判官の選出にあたって男女を公正に代表することが要請されることなどにより*16、ICCには、ジェンダーに配慮した裁判手続きを確保する潜在的可能性がある。ICCの運用に関するこうした規定はきわめて重要であり、女性に対する最悪の犯罪に対する正義の実現や責任追及が手に届くところまで来ていることを示している。

c) アド・ホック国際刑事裁判所の先例

　実際、アド・ホックの、常設ではない国際刑事裁判所による先例は、ジェンダー犯罪および性暴力犯罪の定義の理解と発展に顕著に寄与したのであり、ICCはその先例を発展させていくだけではないかという予測もある。たとえば、フォチャ事件に関する2001年のICTY判決では、身体的拘束は必ずしも奴隷化の罪の構成要件ではなく、強制は、同意が不可能であるか、あるいは同意の有無は無関係となるような、心理的抑圧や社会経済的条件があったことなどの広範な形態で行われるとの判断が示された。このような理解に基づき、ICC規程付録「対象犯罪の要素」における奴隷化と性的奴隷の罪に関する定義が規定されている。

　ジャン・ポール・アカエヤスに対する1998年のICTRにおけるレイプに関する思慮深い定義*17が、ICC規程中のレイプに関する定義に発展した議論の出発点となった。より重要であったのは、この判決が、女性に対する犯罪が扱われる方法にパラダイム・シフトを引き起こし、レイプがジェノサイドの手段となるという判断を示したことである。同様に、1998年のICTYにおけるデラリッチ事件では、拷問の一形態としてレイプや性暴力が議論され、他方、フルンジャ事件では、レイプとは本質的に女性の性的自己決定権の侵害であることが確認された*18。

こうした先例は、ジェンダー犯罪および性犯罪の定義の発展をいかにして国内的に活かしていくかという国内的課題に直面する女性の権利を擁護する活動家たちの創造力と想像力をかきたてる。

被害者の権利に関する規程

　被害者の権利に関する一連の問題を盛り込んだことも、ICC規程の重要な点であり、これによって従来の刑事司法の概念を、捜査し、訴追し、処罰するという機能から、さらに発展させた。被害者や証人はさまざまな理由から裁判手続きに参加する。たとえば、彼女・彼らの物語を語るために、他者への被害を防ぐために、死亡した犠牲者の魂を慰めるために、補償を要求するために、正義をなさしめるために、また、彼女・彼らが被ったであろう悲惨な経験の情緒的ないしは心理的終結という象徴的な行為として。司法メカニズムの前提は犯罪があったことを申し立てる被害者の存在である。したがって、被害者は司法手続きの土台であり、ICC規程は被害を受けた共同体にとって重要な事項を適切に提示している。

　ICC規程は、被害者および証人の安全、心身の健康、尊厳およびプライバシーの保護に関する規定や、被害者および証人の意見陳述や証言にあたり、非公開で行い、あるいは電子的措置の使用を認め、また被害者の個人的利益を保護するために、法定代理人によって被害者の見解および懸念を表明することができることなどの規定を設けている[19]。これらの条項の重要性は、強調しても強調しすぎることはないといってよいだろう。ICCが実質的な機能という点で成功するか否かは、被害者や証人が法廷で証言をするかどうかにかかっているのである。安全で保護された環境を保証することで、被害者や証人に証言を促すことになるだろう。証言を理由として被害者や証人が標的にされることは、ICCの健全な発展に大きな妨げとなるだろう。

　同様に、国内法システムにおいてもしばしば見受けられることであるが、検察官が有罪に持ち込むために極端な手段に訴えることが考えられる。従来の刑事訴訟のプロセスにおいては、被害者共同体の必要性は見逃され、彼女・彼らの利益は無視される。被害者の法定代理人の存在により、被害者の利益が保護され、また配慮されることが期待される。被害者の代理人や保護に関する規定は、「手続きおよび証拠に関する規則」に、より詳細に設けられている[20]。

　もう1つの重要な側面は、被害者に対する補償に関する規定を盛り込んだことである。ICCは、原状回復、損害賠償およびリハビリテーションといった補償に関する諸原則を定める権限を有する。これらの補償は、有罪判決を受けた者への命令、もしくは

被害者補償のために設けられるICC被害者信託基金（Victims Trust Fund）を通じて行われる[*21]。

　被害者の権利を規程中に盛り込むことには、多くの批判がある。最も保守的な批判としては、刑事司法のメカニズムというのは、加害者を裁判にかけ、正義を行うことであって、カウンセリングを提供したり、補償を与えることが職務ではない、という批判である。また、被害者の法定代理権は、裁判手続きを著しく複雑化させ、それを困難にしてしまう、と批判する見解もある。あるいはまた、補償内容を決定し、実際の支出を確保するという現実的な問題についても、いくつかの問題点が指摘されている。これらの批判には正当なものもあるが、ICCが実質的な機能を開始し次第、しばらくして解決が図られよう。また、設置に向けて進展している被害者信託基金のように、議論の俎上にある問題点もある。こうした動きは、被害者の問題という重要な課題への取組みの進展を監視する人々に自信を与えている。

地域レベルでの活用

　国際法における発展を、地域のレベルでどのように活用できるだろうか。ICCは、おそらく多くの草の根レベルの女性たちには疎遠で抽象的な存在以外の何物でもないのであろうし、そうした女性たちに自分たちの生活に関係があるのだということを理解してもらうにはどうしたらよいか、という質問をしばしば受けることがある。答えは、関連国内法の整備に見出すことができる。ICC規程の批准もしくは加入により、条約に基づく義務の履行と条約遵守のために、締約国は国内法を整備することになる。他の条約についても当てはまるが、この規程の遵守には、潜在的に、社会における法の支配の強化・拡大および人権侵害に対する責任意識を高めるといった効果が含意されている。

　ICC規程の規準に従い、既存の法制度を改革し、女性に対する暴力に対処する新たな立法を整備していくことの効果は絶大である。実際のところ、ジェンダー罪や性暴力の罪に関する規定のありようや、性犯罪に対する裁判における手続き原則や証拠原則、あるいはジェンダーに配慮した裁判を確保する要請等の規定は、多くの国内法システムと比較して、ICC規程・規則の革新性が顕著である。異なる文脈においては強姦や拷問、奴隷化といった犯罪行為の構成要件は異なるのであって、その定義も異なるべきであると論ずることはできない。戦時下における強姦も平時に犯される強姦も同じ犯罪行為である。文脈が異なるからといって、身体への侵入、性的性質、どのよう

な性質であれ強制の要素があること、といった犯罪の基本的な構成要素の存在を否定することにはならない。したがって、強姦に関する法の改革を、ICC規程による強姦の定義を基礎として進展させることができよう。同様に、捜査、証拠および訴追の手続き全体にわたる国内法原則を、本質的にはICC規程に沿って改正されよう。女性に対する社会的偏見や差別を失くす法を勝ちえたことは、女性にとって、司法による正義をよりえやすくするための闘いに、半分勝利したともいえるだろう。

制度としてのICCが成功するか否かは、締約国に補完性の原則に見合う司法機能があるかにかかっている。ICC規程に列挙された犯罪を訴追する国内法が欠けている場合、国家の処罰能力が欠けるとみなされ、ICCに期待されている事件や状況以外の事件がICCに係属することになる。また、おそらくは馴染みの薄い国際裁判よりも国内レベルの裁判のほうが、被害者共同体にとって身近である。国内法整備をすることで、各国は、「国家主権の侵害」を回避し、また自国民が国内において非道な犯罪に対する裁判を受けやすくするという義務を果たすことになる。

ICC規程の犯罪の抑止機能

ICCは司法的に責任を問う機構であるが、将来起こりうる犯罪を抑止する潜在的な機能を持っている。ICC規程は、既存の人道法に関する条約や規準を法典化した画期的なものだからである。

これまで、一般的に紛争や戦争といった状況にあって、どのような行動・行為が禁止されているかということは認知されていたが、そうした行為を訴追する権威ある場所、人あるいは機関は存在しなかった。したがって、加害者にとっては、最も非道な犯罪でさえも免責されるとの認識により、一般的な安全を確保することができたのであった。ICCの設立により、加害者の安全は消滅した。制限的な管轄権とはいえ、ICCの存在は、将来、加害者となりうる者に対して、免責されることはないという強烈なメッセージを伝える。

また、戦争を仕掛ける非政府勢力は、国際人道法は国家および公務員のみを拘束するものと考える傾向がある。それゆえ、最も非道な犯罪を犯していながら、完全に免責されるものと考えている。しかしながら、個人の刑事責任を強調する点で、ICCは、加害者が国家であるかどうかにかかわらず、個人の責任を追及する初めての機関なのである。世界中の軍事教育施設での人道法に関する教育には、ICCが設定した新しい基準が含まれることになるだろう。そうすれば、潜在的に兵士の行動も変容していく

ことになるだろう。独裁的あるいは全体主義的体制においても、ICC規程違反のないよう配慮し、人間の安全保障を提供することが促されるであろう。

米国の抵抗とそれに対する締約国の役割

米国の抵抗

　ICCへの最大の抵抗勢力は、依然としてICC設立に反対の立場をとる米国である。ブッシュ大統領が政権の座に就くと、「反対」はあからさまな「敵意」と化した。1998年のローマ会議において、米国はその「懸念」を表明するためにあらゆる手を尽くしたのであるが、その懸念の焦点とは、自国兵士がICCにおいて訴追されることのないよう免除を確保し、ICCにおいて誰が、いつ、どのような根拠により裁かれるのかに関する決定に最大限の影響力を及ぼそうということに尽きる。米国はその目論見を次のような手段で実現しようと企てた。まず米国は、ICCを安保理のコントロール下に置こうと企て*22、検察官に自らの発意による訴追権限を付与することに反対し*23、裁判官や検察官といった中心的職務の選出に締約国以外の国民に限定されることのないよう働きかけ*24、加害者の本国政府がICCの管轄権を受け入れた場合にのみICCの管轄権を限定することを求めたのであった*25。

　米国によるこうした目論見は、直ちに退けられたものもあるが、米国の懸念を解消し、米国をICC設立の過程に建設的に関わらせるために妥協が図られたものもあった。安保理の役割はICCに事件を付託することと、安保理以外の付託による事件の状況の捜査を12カ月間延期することにとどまった*26。検察官の自発的訴追権に抑制均衡が導入され、妥協の結果、ICCの管轄権は制約された。米国は自国の利害関心に合致するよう全面的に条約を形作ることができなかったため、1998年のローマ会議において最後の土壇場で条約を（全会一致方式ではなく）票決に持ち込んだ。しかしこれも、米国の思いどおりに事は運ばず、（参加160カ国中）120カ国という圧倒的な賛成によりICC規程は採択されたのであった。

　ICC規程の採択を妨害し損ねた米国は、次いで、外交経路を通じて、ICCの機能を危うくすることを企てた。採択後の2、3年、小国にICC規程に署名しないよう圧力をかけ、すでに署名をした国に対しては、批准しないよう働きかけたのである。米国の圧力とは、経済基盤の脆弱な国家に対して、経済援助を止めると脅したり、平和維持活動からの撤退や、海外駐留軍の引揚げ、NATO憲章上の義務履行の拒否などであった。そして、安全保障協定を締結し、米軍を駐留させている場合には、協定の再交渉

により、米国民をICCに引き渡さない旨の条項を付け加えた。合衆国議会における強硬派は、議会内でも抵抗を続け、「米国軍要員保護法（American Servicemembers Protection Act）」を制定し、上述の他国に対する脅迫めいた働きかけを規定し、ICCへの協力を禁止した[*27]。

ICCに対する妨害の排除

　公平に見て、ICC設立諸文書の詳細を交渉するなかで、米国代表団のメンバーの貢献は多大なものであった。条約署名の最終日の週末に向けて条約の署名を行ったことで、クリントン政権は将来米国がICCに加入することを望んでいたと考えるに充分な理由があるといえよう。この希望は2002年5月の署名撤回で裏切られてしまった。引き続きブッシュ政権は、平和維持活動にあたる自国民をICCの管轄権から除外するよう働きかけ、限られた範囲でその目的を達成した。

　2002年7月、ボスニアにおける平和維持活動の期限が切れ、更新されることとなった。米国は、ボスニアでの平和維持活動の更新をいわば人質として、ICC管轄権の免除を要求したのである。安保理決議1422の採択により管轄権免除の要求は通ったが、実際には1年の期限付きという限定的な免除にとどまった。限定的とはいえ、この事態はICCの実効的活動を妨害する最初の目論見であって、締約国は今後、同様な妨害からICCを擁護していかなければならない。米国は免除の期限が切れた時点で今後も期間の更新を求めるであろうが、締約国は、そうした不当な要求を阻止し、無意味なものにしなければならない。

　ICCの活動に対する妨害の動きとして、比較的最近では、締約国に裁判官職への候補者を指名させないよう働きかけが行われている。しかしながら、ICCに対するこうした敵対的関心というのは、逆説的な効果を生み出している。締約国は、ICCに向けられているすべての批判に注意を払い、こうした批判が誤ったものであることを明らかにする努力がなされている。

　また、ICCに対する米国政府の反対姿勢と敵意が米国国民の支持を得ているという混同をしてはならないだろう。米国市民のなかにはICCに対するきわめて積極的な支持もあり、米国に本拠を持つNGOがICC設立の過程で果たした役割は多大なものであった[*28]。

無制約の超大国という神話

　米国によるそれほどまでに強いICCへの反対の基盤と、自国民がICCにおいて裁か

れることが100％ない、という保証に拘泥しているのは、米国が無制約の超大国であるという神話に由来する。この主張によれば、唯一の超大国として、米国は他のいかなる国にもまして、激戦地に部隊を派遣することが期待され、このことが政治的に動機づけられた訴追を引き起こす、というのである。他国より多くの兵士が戦争犯罪に関わりうるという事実は真正なものでもあろうが、そうであるからといって、常設の司法機関からつねに例外的な地位を得ることができるという見解は理解できない。

　まず第1に、そのような免責の要求は、国の大小にかかわらず、すべての国家が平等であるという国連憲章の原則に違背する。第2に、帝国や王朝の歴史を一瞥しただけでも、歴史や社会はつねに変転するものであることがわかる。いかなる帝国といえども、いかなる王朝といえども、あるいは超大国といえども、永続したことはない。他に比較してより長らえた王朝もあるが、いずれにしても自己崩壊していくほかないと見るべきである。超大国の権力といえども、その栄華はつかの間のものというほかはない。

　したがって、米国は現在の国際社会における力関係における地位を、将来にわたってつねに特権を得るために用いることはできない。あるいは、このようにして超大国としての地位を長らえようというなりふりかまわぬ努力とでもいうべきであろうか。そのような主張が許容されるのか否かは、国際社会を構成する米国以外の諸国が決定することであり、国際市民社会は、おそらく米国が2003年7月に、1422決議に類似の平和維持活動にあたる部隊のICC管轄権からの無制限の免責決議を安保理に要求するのを見届けることになるであろう。

　2002年7月にICC規程が発効して以来、ICCがスムーズに発足し、機能していくにあたって克服すべき課題が出てきた。これはICCを設置する重要で細かな仕事である。2002年9月の第1回締約国会議における選出に関する規則制定をめぐる議論において、強力で、信頼性のある実効的な裁判所を設立するという目標に至る前に、加盟各国がそれぞれの代表を重要な地位に就かせようと躍起になったように見受けられ、不安感が広がった。あるいは、割り当てられた負担金がICC設立までに支払われないのではないか、という不安もある。さらにまた、ICCが最初に審理する事件が適切なものでなければならないという問題もある。最初の事件が、政治的な操作といった疑念を惹起するようなものであってはならないし、ICCによって要請される規準に合致する内容の証拠書類が揃えられなければならないであろう。また、ICCが真正な司法機関として適切な機能を果たすという国際社会の信頼性を確立するようなものでなければならない。

日本に対する期待とICCへの期待

　これまでの7年間のICC設立への過程の折衝において、その大半、日本は建設的に関わってきたように思われる。交渉の過程で議論されたいかなる問題に関しても、日本が重大な反対意見を表明したという文書は見当たらない。消滅時効ないしは出訴期限の不適用に関する提案に対して、日本は唯一、反対したようであるが、これについても、ローマ外交会議においては立場を変えた。日本は、ICC設立に反対票を投じたわけではない。それゆえ、2002年12月31日までに署名する見込みがないのは理解に苦しむ。

　規程に対する批判のほとんどは誤りであったことは明白となった。ICC規程の採択以降、多くの研究論文が発表され、ICC規程は遡及的管轄権を持たないこと、国内法に優先するものではないこと、検察の自発的訴追権は抑制均衡に服すること、裁判所は安全保障理事会がコントロールするのではないこと、裁判所機構のスタッフが特定の地域からの個人で占有されることのないこと、政治的に動機づけられた訴追の可能性はきわめて低いこと、などが明らかとなった。

　各国代表団とNGOとの非公式折衝において、日本代表団は署名は速やかに行うが、条約を批准するまでになされるべき国内法整備等には時間がかかり、厄介であろうと表明していた。おそらく、日本のNGOは、日本政府の加入を働きかけてきていることであろう。筆者は、そうしたNGOが女性のグループも巻き込んで進めていかれることを強く望むものである。

　ICC規程は、4年間に80カ国以上が批准し、早くも発効する見通しとなった。本規程は、戦争や紛争による苦難の世紀にピリオドを打ち、戦争のない未来、免責による責任回避のない未来、正義と責任が貫徹する未来、そうした未来像を描く国際社会の希望を示している。ジェンダーおよび被害者の権利・利益・関心を考慮することによって、ICCは人間の顔をもって正義をなすよう位置づけられている。ICCが、意見の争いや反対勢力の挑戦を克服できるかどうか、あるいはグローバル政治やグローバル経済の圧力に屈するかどうかは依然として未知である。

*1 　ICC規程第11条(1)、24条(1)。
*2 　規程第17条(1)(a-c)。
*3 　Report of the International Commission on Intervention and State Sovereignty, International Development Research Center, Ottawa, at page 7, 2001.
*4 　Ibid., at page13.

*5 普遍的管轄権は、国際慣習法において長年にわたり受容されてきた原則である。普遍的管轄権は、すべての国家が、国際社会によって普遍的関心事と認識された犯罪につき、行為地や犯罪者の国籍にかかわらず処罰しなければならないという義務的管轄権として広く理解されている。そのような犯罪とは、戦争犯罪、ジェノサイド、ハイジャック、奴隷貿易などである。ICCの管轄権は、領土および国籍原則により制約されている。規程第12条(2)(a,b)参照。 また普遍的管轄権につき、Henry Steiner and Philip Alston, International Human Rights in Context, Oxford University Press, 2000参照。
*6 規程第27条(1)。
*7 規程第46条(3)、第75条、第79条。
*8 規程第68条。
*9 規程第15条(1)、(2)。
*10 規程第7条(1)(g)(h)、第8条(2)(b)(xxii)、第8条(2)(e)(vi)。
*11 (女性自身ではなく)女性の名誉を保護することを要求することによって、女性に対する、いわゆるだらしのない女性であるとか、性的サービスの提供に従事する女性への社会的偏見に論拠を与えることとなった。こうした女性は名誉を尊重すべきとみなされないので、彼女たちに加えられる暴力は犯罪を構成しなかったのである。これは、性的暴力犯罪に関する多くの国の国内法システム上の、法および証拠原則の議論の基盤となっているように思われる。
*12 1993年の安保理決議827によるICTY規程は、史上初めてレイプを、戦争犯罪としてではなく、人道に対する罪として規定した。
*13 1994年のICTR規程は、紛争が国際的性質のものでなくても強姦を戦争犯罪に含めたジュネーブ諸条約の文言を再構成した。しかしながら、ジュネーブ諸条約の各条約に共通する第3条の規定を改善することなく、「個人の尊厳に対する侵害、とくに侮辱的で体面を汚す待遇、強姦、強制された売春行為、その他あらゆる形態のわいせつ目的の暴行」という規定を維持した。それゆえ、強姦という犯罪が、個人の尊厳に対する侵害の一形態であって、個人の身体に関する権利の侵害ではないという理解を補強することになった。
*14 規則第63条(4)。
*15 規程第42条(9)。
*16 規程第36条(8)(a)(iii)。
*17 強姦は、「強制が介在する状況に置かれた人に対して行われる性的性質の身体的侵入」と定義された。
*18 Compilation of background reading materials for Trainers School on Gender and International Justice Mechanism, Women's Caucus for Gender Justice, July 2001.
*19 規程第68条。
*20 規則第87条、第88条。
*21 規程第75条(1)-(2)。
*22 Pam Spees at page 123 in 'Chapter Nine: Rome Statute and the International Criminal Court', Nicole Deller, Arjun Makhijani and John Borroughs (eds.), "Rule of Power or Rule of Law? An Assessment of U.S. Policies and Actions Regarding Security-Related Treaties" Institute for Energy and Environmental Research and Lawyers' Committee on Nuclear Policy, 2002.
*23 Silvia A. Fernandez de Gurumendi at page 180 in 'The Role of the International Prosecutor,' Roy S Lee (ed.), "The Iternational Criminal Court- The Making of the Rome Statute, Kluwer Law International, The Hague, 1999.
*24 Medard R. Rwelamira 'Composition and Administration of the Court,' Ibid. at pp.

165-166.
- ***25** 'Intoroduction', Ibid., at p.25.
- ***26** 規程第13条(b)、第16条。
- ***27** 詳しくは、前掲注*22論文を参照。
- ***28** そうである理由のひとつは、こうした議論の多くがニューヨークの国連本部で行われ、充分な資金に欠ける個人やNGOが米国国外から参加することには制約があったという事実であることは疑いがない。

《参考文献》
- Rome Statute of the International Criminal Court.
- Elements Annex of the International Criminal Court.
- Rules of Procedure and Evidence of the International Criminal Court.
- Report of the International Commission on Intervention and State Sovereignty, International Development Research Center, Ottawa, 2001.
- Henry J. Steiner and Philip Alston, International Human Rights in Context, Oxford University Press, 2000.
- Pam Spees 'Chapter Nine: Rome Statute and the International Criminal Court', Nicole Deller, Arjun Makhijani and John Borroughs (eds.), "Rule of Power or Rule of Law? An Assessment of U.S. Policies and Actions Regarding Security-Related Treaties" Institute for Energy and Environmental Research and Lawyers' Committee on Nuclear Policy, April 2002.
- Silvia A. Fernandez de Gurumendi, 'The Role of the International Prosecutor,' Roy S Lee (ed.), "The International Criminal Court- The Making of the Rome Statute, Kluwer Law International, The Hague, 1999.
- Medard R. Rwelamira 'Composition and Administration of the Court, Roy S Lee (ed.), "The International Criminal Court- The Making of the Rome Statute, Kluwer Law International, The Hague, 1999.
- Roy S Lee, 'Introduction', Roy S Lee (ed.), "The International Criminal Court- The Making of the Rome Statute, Kluwer Law International, The Hague, 1999.
- Compilation of background reading materials for Trainers School on Gender and International Justice Mechanism, Women's Caucus for Gender Justice, July 2001.
- 新倉修「国際刑事裁判所問題日本ネットワーク(JNICC)による日本の批准・実施状況に関する報告」2002年9月。

(訳：齊藤小百合)

国際刑事裁判所の可能性と課題
2002年11月9日国際シンポジウムより

〈午前の部〉パネリスト：クラウス・クレス、東澤靖／コメンテーター：ヴァヒダ・ナイナール、寺中誠／司会：齊藤小百合
〈午後の部〉パネリスト：ヴァヒダ・ナイナール、前田朗／コメンテーター：古沢希代子、クラウス・クレス／司会：上村英明

国際刑事裁判所とは何か

司会（齊藤）■恵泉女学園大学人文学部英米文化学科の齊藤小百合と申します。クレスさんのお話を伺う前に、まず国際刑事裁判所という馴染みの薄い機関に触れておきたいと思います。国際裁判所と申しますと、国際司法裁判所（International Court of Justice（ICJ））を思い浮かべる方が多いですね。国際刑事裁判所（ICC）とはどう違うのでしょうか。ICJは、多少、私たちにも馴染みがあるかもしれません。高校の社会科の教科書などで、国連機関のひとつとして紹介された国際裁判所だからです。それに対しICCは、たいへん新しく、まだ耳慣れない組織だと思います。ですので、どのようなシステムなのかを少し概観しておきたいと思います。

　まず、ICCは、さまざまな国家により構成される国際社会によって創設された常設かつ独立の司法機関で、「常設」というところにひとつの特徴があります。これまでにも、戦争犯罪や人道に対する罪などを裁く裁判所が、その時々において、その戦争や紛争が終わった後に設置されたことはありました。しかし、ICCは常設で、これから行われるかもしれない戦争や紛争の前から存在しているわけですね。ですから、これまでのように戦争が終わった後で事後的に処罰するのではない、という点でもたいへん特徴的です。国際法上すでに重大な犯罪だと認識されるようになったジェノサイド（大量虐殺）、人道に対する罪、戦争犯罪を起訴することができます。

　次に、ICCはいつ設立されるのでしょうか。これまで、とくに第二次世界大戦後、長い期間をかけて、こうした犯罪を取り締まるためのさまざまな活動や努力が積み重ねられてきましたが、1998年7月にローマで開催された、「ローマ全権外交使節会議」において、賛成国120カ国に対し反対国がわずか7カ国という圧倒的な多数で、このICCを設置するための国際条約、「ICC規程」が採択されました。この条約は、採択された場所から「ローマ規程」と称されることもあります。

　その前文には以下のように書かれています。

「すべての人民が共通の紐帯によって結びつけられており、それぞれの文化が共通の遺産としてひとつなぎになっていることを認識し、かつ、このような微妙なつづれ模様がいつでも崩れるおそれがあることを心して、今世紀において、数百万の子どもおよび男女が想像を絶する残虐な行為の犠牲になり、人類の良心に深い衝撃を与えていることに留意し、このような重大な犯罪が世界の平和と安全および福祉を脅かすものであることを認識し、……」。

　これが、国際法上最も重大な犯罪を処罰する国際機関が設置された大きな目的だと思います。さらに、その先を見ていくと、ここで裁かれるべき犯罪とは何かという定義、そして裁判所の組織が規定されています。また、裁判の仕組み、それぞれの加盟国がどのように裁判所に協力すべきなのかについても規定されています。そして規程第126条には、60カ国が批准した時点で国際刑事裁判所が設立されると明記されており、現在すでに76カ国が批准をしています。したがって、この2002年7月1日に条約は発効したばかりで、実際の裁判所の仕事は来年2003年に始められる予定となっています。その意味で、とても新しい国際裁判所です。

　では、ICCはなぜ必要なのでしょうか。前文にもありましたとおり、これまで残虐な行為、戦争犯罪の犠牲が積み重ねられながらも、そうした犯罪の責任がなかなか問われることがありませんでした。国際社会の平和構築にとって、それがボトムネックになっていたのです。ここから、ICCは、「免責」の連鎖を絶つ、つまり「不処罰」を終わらせるための大きな前進となり、それによって平和構築に向けての新たな一歩を踏み出そうということでございます。

　では、ドイツのケルン大学国際刑法学部の上級研究員で、ICC設立のためのローマ会議におけるドイツ政府代表団の委員でもあられた、クラウス・クレスさんのお話に移らせていただきたいと思います。

ICC批准に際してのドイツの取組み

クレス■昨晩、私は講演をいたしまして、かなり一般的なお話として、国際刑事裁判所の重要性とドイツの立場をご紹介しました。今日は、「ICC規程」が採択された後、その実施のためにドイツが国内で何をしてきたかというお話をします。これは、ICC規程が採択され、発効しても、それとは別に、国レベルで必要な立法措置をとらないと、ICCは成功裡には機能しないということを意味しています。そこで、ドイツがとったアプローチは3つのステップで進めるということでした。

ご存知のとおり、ドイツは、ICCを継続的に、また強く支持した国であり、ICC規程の批准はすでに2000年に済ませています。しかし、批准をするためには、条約が国内で憲法に整合していること、憲法上問題がないことの確認が必要でした。また、実施法を用意する必要もあったのですが、ICC規程は重要な条約だという認識から、批准前に実施規則と、実施細則とを含む実施法を制定しました。この点から、3つの議論を紹介したいと思います。1つめは憲法との関連をどう考えるかという問題です。2つめは実施規則に関わる問題で、どの国にも同じような問題があると思います。これに関しては、昨日の午後のミーティングで、日本の人権擁護団体、それから日本政府の方ともご一緒し、日本の政府も本腰を入れて同じような問題分析をなさっているということがわかりました。そして3つめに、新しい刑法（Code of Crimes）をこの国際条約の下で採択したことです。つまり、ICC規程第6条から第8条を反映させるような国内法を用意しました。これらについてお話ししたいと思います。

ドイツ憲法との整合性の確認

まず、ドイツでの憲法論議ですが、2つの問題に直面しました。典型的な、そういう意味では全世界の過半数の国が直面している問題ともいえるのですが、国家主権を国際刑事法に委ねるという問題、それから免責の問題です。

ご承知のとおり、いわゆるコモン・ロー（Common Law）ではなく、成文法（Civil Law）の伝統をとる国では、憲法に必ず規定がありまして、たとえば市民の国外追放や引渡しは禁じられています。しかし、国際刑事司法の観点から考えると、これらの規程は意味をなしません。締約国が国際刑事裁判所に自国民を引き渡さないという前提があれば、この国際刑事司法システムそのものが機能しなくなります。ですからドイツでは、憲法上のこうした禁止条項が、国際刑事裁判所への国民の引渡しにもかかるのか、国家間における国外追放や引渡しとは別個の概念であるかという議論が起こりました。そして、これはまったく違うのだと結論しました。ある国民を国際刑事裁判所にこの条約に基づいて引き渡すことと、別の国にある国民を国外追放するのはまったく別だということです。ただ、政府および議会は、憲法そのものを改定してその違いを明確化しました。これによって、国外追放の禁止条項はあるけれども、国際刑事裁判所に対する引渡しはこれに含まれない、ということが明記されました。

　憲法論議における2つめは、より重要だといえるかもしれませんが、免責の問題です。各国の憲法には、必ず特定の地位の人物に対して免責条項があります。たとえばドイツでは、国家元首である大統領、また副大統領に対しては免責規定が存在します。しかし、国際刑事裁判所では、指導者の犯罪行為が問題になります。まさにそういう地位に属する人物こそが、訴追の対象となるはずです。そこで、もし憲法に免責条項を入れたままにしてこういう人間を対象外にしてしまえば、国際刑事司法システムそのものが非常に困窮することになります。ICC規程第27条2項を見ますと、免責条項は適用されないことがはっきり明言されています。そこで、これに関してもドイツ憲法を見直し、憲法による免責規定とICCの規定を整合させる必要があるのではないかという議論がありました。その結果は、憲法解釈という点で問題はないということになりました。ドイツ憲法の規定では、ドイツは、一定の権限を超国家機関に委譲することができることになっています。国際刑事裁判所はある国の個人に対する逮捕状を行使する権限を持っているわけですが、ドイツに主権はあるけれども、この権限を超国家機関に委譲するのだと考えました。憲法の原則から逸脱はしますが、それでも憲法解釈上は可能だということです。権限の委譲が憲法の核心に触れるものであれば、たとえば基本的人権を侵すものであれば決して認めることはできません。しかし、大統領の免責規定は手続上の問題ですから、憲法の原則から逸脱しても、国際刑事裁判所の目的に資するならば、これを委ねてよろしいということになりました。したがって、ここでは憲法の書き直しは不要でした。

国際協力に向けた法改正と立法

　2つめのステップは、非常に重要でかつ複雑な立法プロセスでした。日本も現在そういった法案を考慮中と聞きましたが、ICCとの国際協力に関するルール作りです。昨日の講演で、ICCと国家が協力することは必須であり、その協力がなければ国際刑事裁判所は成功しないと強調しました。たとえば、ICCの組織の中に警察機構といった執行機関はありません。あくまで国側の協力がなければ、容疑者の逮捕、引渡しはできないわけです。また、他の形での協力も重要です。多くの国は、ドイツもそうですが、国家間の協力協定というものを持っています。証拠提供などが規定されていますが、ICC規程で要求されているものは内容が違います。ICCは、より広範で、高次な協力を求めています。従来の二国間での協力協定といった裁量的な色彩の強いものとは本質的に異なっています。そこでドイツは、現在ある法律を改正するだけではなく、まったく新しい法律をICC規程のために用意しました。ドイツのICCに関する新法では、引渡し、その他の協力、そして判決の実施の3点が重要なポイントとなっています。

　まず、引渡しに関しては、シンプルで効率のよい引渡しを行うという視点から、これを拒絶する国内法また二国間協力協定にある根拠のすべてを否定しました。たとえば、政治犯罪では容疑者の引渡しはしないという二国間協定がありましたが、政治犯罪をICCに関して例外扱いにはできません。それではICCは機能しませんし、またICCに対して相互主義という原則も適用できません。そこでどうなったかといえば、たとえば、ICCから引渡し要求が来たときには、国内裁判所が本人を特定する、つまり、国際刑事裁判所が求めている人物が当人だと確認をするだけで、引渡しが可能になりました。

　その他の協力という分野で、一番重要なポイントは証人の問題です。昨日の話でも、ICCでは、証拠のなかでも証人こそが重要だと申し上げました。これは、旧ユーゴ、ルワンダで開廷されたこれまでの特別国際刑事法廷でも見られたとおりです。しかし、残念ながらICC規程では、国際政治上の背景もあって、この点があまり効果的になっていません。たとえば、公正な法廷には証人出廷の保証条項が必要なのですが、ICC規程では、ある国が証人をハーグに送ることは義務づけられていないのです。

　国内の裁判だったら、どうでしょうか。日本でも当然そうだと思いますが、裁判所は司法権限の一部として、証人に出廷を強要することができるわけです、真実を語れと。しかし、国際刑事裁判所がそういう強制力を持っていないことは大きな問題です。ドイツは、もともと司法重視、裁判所重視の国ですから、この点についてもっと厳しい協力条項を規定したほうがいいという意見もありました。結果としては、国内法の範囲内で、可能なかぎりすべて協力するという方針になりました。ICCが要求しているもの以

上に、できる協力は何でもするということです。その内容としては、たとえば、ドイツ人が証人としてハーグに召喚されたとき、ドイツ政府はその証人に出廷するように働きかけをします。国としての働きかけは要求されていませんが、働きかけをすることにしました。また、必要とあれば、テレビ会議を設置します。ハーグで国際法廷が開かれ、証人は出廷できなくとも、ドイツのどこかにテレビ回線をつないだ会議室を設け、国境を越えて証人が証言をすることができ、また、検察官あるいは弁護士がこれに尋問をすることが可能となっています。

さらに一歩進めまして、ICC規程では、ハーグから各国に出向いて、その領土内で、特定の目的に関して証人の証言聴取をすることができるようになっています。さまざまな理由でハーグに行けない証人が想定されるからです。ただし、これについても、締約国はそれを受け入れる義務は必ずしもありません。ドイツは、出張による証言聴取を重要なことだと認識しており、新たな対応を考えました。まず、国際条約によって設立された国際機構であるICCがドイツに来て国内でその仕事を遂行することは、なんら問題とはならないことを確認しました。さらに、ICCの要請があれば、ドイツの裁判官も証人に質問をすることができます。また、検察官や弁護士もドイツに来てもらい、その面接に同席してもらうことができます。ICCの手続規定によれば、録画された、あるいは録音された証言は国際法廷では使えないことになっています。ただし、条件として弁護士の同席があれば別です。したがって、国内裁判所の裁判官が弁護士の同席なく法廷を開いても、それだけではICCの証拠としては使えません。そういう意味で、国内の実施法において、国外からICC関係者の入国が認められなければなりません。ICC規程では、一定の条件の下で、国際検察官がある国の領土に入り、捜査手続きを独自に進めることができると規定されています。これは、国際法廷の効率化のためには重要なことですが、そのためには、国としても、その法制度を開放して、国際検察官の捜査権限を認めなければなりません。

司法システムの改革

3点め、判決の実施ですが、国際裁判所はあっても、国際刑務所というものは存在しません。ですから、判決を具体的に実行するのは締約国の責任で、この協力も義務にはなっていません。任意に国が協力するという形です。ドイツとしては、ケース・バイ・ケースではありますが、国際犯罪人を引き受けることになり、ここで、司法システムを変えなければなりませんでした。通常、国際犯罪人を受け入れる場合には、外国の裁判所の判決を国内判決に変える必要があります。しかし、ICCの場合、その国際判決を、

なんら国内法に照らすことなく、そのまま援用することにしました。その結果、ドイツの罰則基準から乖離することもあるわけです。ドイツの場合、最高の罰則は15年の禁固刑あるいは終身刑です。ICCの場合は、第77条にあるように、30年あるいは終身刑が最大の刑期になります。ですから、ICCの判決を実行すれば、最高刑15年という国内規定を上回って、より厳しい判決を実行することになりますが、そうした国際判決を実行することができるように司法システムが改革されました。

　とくに難しい問題となるのが、第75条にある被害者への賠償、あるいは補償命令の問題です。これは、ICCという新制度のなかでも、非常に興味深い内容です。ただし、この規定が国内レベルで問題を引き起こす場合があります。被害者本人が裁判所に申し立て、その強制措置によって補償を求めるというのは、通常、刑法ではなく民法の領域だということです。しかし、これは振り返ってみれば、ICCのシステムそのものが異なるのだということを認識しなければなりません。ポイントは、被害者の立場をより改善するということですから、国としても、被害者補償命令が出た場合には、被害者本人からの要請がなくても、すぐにICCの補償命令を実行に移すということにしました。被害者のために国家が法を自発的に運用できるというのは、罰金と同じです。これは、非常に革新的なことでしたし、伝統的な法システムの改善によって、国内法自体もよくなったと思います。

　次に、新しい刑法についてご紹介したいと思います。「補完性の原則」という重要な原則がICC規程にあります。簡単にいえば、国際犯罪の訴追は独占的にICCがするのではないという原則です。むしろ各国家が国内でその義務責任としてまず国際犯罪を裁くべきで、ICCの設立によって、各国に今までより積極的にこうした犯罪の訴追を行うことが期待されているのです。この観点からも、ドイツは国内の刑法を見直しました。ICCが扱う犯罪に対して刑法がしっかり整備していれば、先決権をもって国内で先に訴追ができるわけです。1949年のジュネーブ条約4条約および追加議定書が採択された後、ドイツは、その実施法を国内で制定していませんでした。ジュネーブ条約上の戦争犯罪について、ドイツ国内で裁けるのかという問題です。たとえば、捕虜を殺害した者、あるいは戦時下のレイプの加害者を、ドイツ刑法で戦争犯罪として裁けるかといえば、そうではありませんでした。通常の刑事規定に従わなければならず、ある程度はそれで処理できましたが、理想的な解決ではないということです。ドイツは、ICC規程の第6条〜第8条に規定されている、ジェノサイド、人道に対する罪、戦争犯罪の内容を反映した刑法を国内的に制定しました。今後、日本でも同じような作業があるかもしれませんが、法の確定性という原則がありますので、新しいドイツ刑法では、ある

意味でICCよりも厳密にこれらの犯罪を規定し、より説得力ある司法システムを作り上げました。

　具体的には、ICC規程第8条に戦争犯罪のリストがありますが、ドイツの新刑法には、戦争犯罪も、非国際的な武力紛争と、国際的な武力紛争の両方を網羅的にリスト化しました。ICC規程にも、非国際的な武力紛争は言及されていますし、しかも、いわゆる国際紛争ではない、国内紛争とでも呼ぶべき武力紛争が最近は増えています。しかし、使われている言葉が違うと、それが司法プロセスに混乱を起こすことがあります。一般的な例ですが、殺戮 (killing) と殺人 (murder) の2つの概念は違っていて、司法関係者は、まさにその言葉の違いを重視します。しかし、ICC規程を見ますと、結局殺戮だろうと殺人だろうと、他人の死を引き起こすものとしては同じだという発想があって、用語を整理して、裁判官がわかりやすいような形でリスト化したわけです。もちろん、そのリストですべてを網羅できたわけではありませんが、ICCが行った政治的な妥協を明確にした点もあります。たとえば、重要な例として大量殺戮兵器があります。この中には、核兵器、生物兵器、化学兵器などがありますが、核兵器についてはまだ国際的なコンセンサスがありません。生物兵器と化学兵器は、最近生まれた国際条約などによって疑いなく国際法の対象となるものですが、ICCはこれを曖昧にしています。それは起草、採択過程での政治的妥協の産物でしたが、ドイツ国内法としては、国際慣習に従って、化学兵器および生物兵器をリストに加えました。また、ICC規程の第3部には「刑法の一般原則」というものがあって、歴史上初めて、国際刑事法の一般原則として刑事規定がリスト化されています。犯罪の意図、犯罪行為への参加などを規定したルールがあり、その内容はドイツのコンセプトとは違う部分もあるのですが、結果に差があるわけではないと考え、3つの刑法原則を新刑法に採用しました。日本もドイツと刑法システムが似ていますから、同じ問題を扱うことになると思います。まず、国際刑事法上の犯罪は時効を認めないという点です。それから、上官の命令は定義を厳密にしたうえで、法の誤認、上官が国際法の誤解をして犯罪行為を行った場合、および命令責任に関してもそれぞれ条項を設けました。これらは、ICC規程の内容から外れてドイツ国内法の独自な点ですが、詳述するには技術的過ぎて難しいので、言及だけしておきます。

　そして、一番重要な管轄権の問題があります。昨日も、ICC規程の管轄権に関しては失望の感を述べました。ICC規程では管轄権に関して妥協があり、普遍的な管轄権という概念が確立できなかったのです。この点から、ICCが規定する重大犯罪に関しては、その普遍的な管轄権を認めることが、条件付きですが明記されています。条件は、

ある国の普遍的な管轄権というのは、理想的な答えではないという考えに基づいています。他の国の免責を許さないというセーフティ・ネットであって、言い換えれば、他の国が訴追できるのならば、あえてドイツはその普遍的な管轄権を主張しないという立場を明示しました。二次的な普遍的管轄権という主張です。わかりやすくいえば、犯罪が行われた国の領土があり、あるいはその国の人間が犯罪の加害者であり、また被害者がその国の国民である場合に、その国が独自に訴追プロセスを進めていれば、ドイツが絡んでいても、たとえばドイツで捜査が始まった事件だとしても、その当該国が裁判を行う意図があり、できるのであれば、ドイツの容疑者を当該国に引き渡すということです。「適切な場所(forum convenience)」というラテン語がありますが、それが裁判に適切な場所だと考えるからです。

日本に対するアドバイス

　最後に、ICC規程を受け入れるには、これだけ複雑な問題と取り組まなければなりません。日本も国内法の整備においては、これまで紹介した議論を行う必要があると思いますが、だから批准ができないというわけではありません。その方法をご紹介したいと思います。これはドイツが選択した方向性でもあります。今日お話した調整に、ドイツは2年を費やしました。しかし、ICC規程では、締約国になるために国内法の整備は前提条件にはなっていないのです。むしろ、国内法の整備は慎重に行うべきです。ドイツでも、国際法および刑法の専門家による特別委員会を組織し、2年間にわたって国内法の整備を検討し、実行してきました。強調したい点は、国内法が整備されていないということを言い訳にICC規程を批准しないとの姿勢は、説得的ではないということです。ご清聴ありがとうございました。

日本におけるICC加入の意義

司会■ドイツのICCに対する積極的な立場を明確かつわかりやすく伺いましたところで、私たち日本はどうかという問題に移りたいと思います。国際刑事裁判所は、国際社会の中で新たな平和構築の重要な第一歩であるはずなのですが、平和憲法を持っている日本の政府がどういう姿勢であるのかを紹介していただきたいと思います。弁護士で、自由人権協会の事務局長も務めていらっしゃいます東澤靖さんからお話しいただきます。

東澤■ただいまクレス博士のほうからいただいたお話は、宝物のようないろんな貴重

な価値を含んでいます。日本はいずれこのICC規程を批准しなければいけないと思っていますが、それに合わせて国内法を整備していくときには、さまざまな技術的な問題を解決しなければいけません。そのためには、クレス博士が今話された、ドイツの執行立法がどのような道をたどったのかという事例は、貴重な先例として、私たちに多くの教訓を与えてくれるものだからです。

実は、昨日も日本弁護士連合会（以下、日弁連）にクレス博士をお招きして、ドイツの執行立法の状況を話していただきましたが、外務省あるいは国会の関係者も参加して、かなり突っ込んだ実務的な話をすることができました。しかしながら、残念ながら日本は、そこまでの状況に至っていないという現状があります。そういう認識のなかで、私からは、むしろ一歩手前の問題、つまり、日本にとって、国際刑事裁判所がいったいどういう意味を持っていくのだろうかという点を、これまでの経過を振り返りながら簡単にお話しさせていただきます。

日本政府とNGOの現状——ローマ会議での経験から

国際刑事裁判所に私が最初に関わったのは、1998年に開催されたローマ会議に日弁連の代表として参加をしたことがきっかけでした。それまでは、正直に言いますと、私自身も、また弁護士会もまったく関心を持っていませんでした。しかし、海外のいろいろなNGOから、日弁連に対して、ぜひ代表を送ってほしい、そして日本政府のやることをきちんと監視してほしいという要請が、驚くほどたくさん来ました。当時は、日本政府が米国政府と一緒に反対の立場にまわるのではないかという憶測が飛んでいたものですから、ぜひ弁護士会の立場から日本政府の行動を監視してほしいという要請だったわけです。

実際にローマでは、私から日本政府の方々にお願いして、ブリーフィングの機会を設けてもらい、世界の、あるいはアジアのNGOの人たちとさまざまな問題について日本政府の見解を聞きました。たとえば、性奴隷制をICC規程の中で取り扱うことにきちんと賛成するのか、あるいは賠償（reparation）をこの条約の中に入れることに日本政府は賛成するのか、といった問題です。ご存知のように、日本政府は最終的にはICC規程を支持する側に回りましたし、当時ローマ会議の全権大使であった小和田恆大使も最終局面で規程の採択にかなりのご苦労をなさったと聞いています。ただし、そういう調整役は日本にかぎらず、アジアの諸国ではシンガポールや韓国なども調整役を買って出て、ICC規程成立のために頑張っていました。

他方、NGOは、私は本当に驚いたのですが、「ICCのための連合（CICC）」という

ローマ会議（Photo by Evan Schneider, UN/DPI）

NGOの連合体がありまして、世界から1000近いNGOの代表がこのローマ会議に参加していました。また、この後お話をいただくナイナールさんの所属されていた「ジェンダー正義のための女性コーカス」というようなNGO連合体も活発な活動を展開されていました。そしてこうしたNGOが、ほぼ一様に、独立でなおかつ効果的な裁判所を作るのだという目的で、一致して行動していたわけです。その点、NGOの運動として、非常に効果的にICC規程の採択に影響を与えることができたと思います。

　それでは、その後日本ではICC規程に関してどんなことが起こったかということを、簡単に紹介したいと思います。残念ながら、日本国内では、1998年にICC規程が採択された後、つい最近までほとんど動きはありませんでした。日本政府は、問われれば、ICCは支持しているのだとずっと回答してきましたが、その批准に向けた活動はまったく行ってきませんでした。ご存知のように、ICC規程は2000年12月末までに署名ができたわけですが、日本政府はその署名もしませんでした。その件も含めて、何度も質したのですが、日本政府は、国内の執行立法が大丈夫だという見通しがついた時点でないと署名もしないのだという回答を繰り返してきました。そうこうしているうちに、署名の期限が切れ、現在に至るも批准も加入もしていないという状況が続いております。そして、2002年になってから、取って付けたように有事法制が出されるなか、有事法制の第三段階で、ジュネーブ条約4条約の国内立法を作るとともに、ICC規程の批准

国際刑事裁判所の可能性と課題

も考えると言い出しました。しかしながら、それがいつのことになるのか。そもそも有事法制とICC規程の批准をなぜ関係づけなければいけないのかについては、未だに明確な回答はなされておりません。

他方で、国内におけるNGOの側の動き、あるいは市民の動きも、残念ながら、ICC問題に対する関心はこれまで強くなかったといわざるをえません。とりわけ日本国内では、1990年代に入ってから、「従軍慰安婦」の問題などを含め、戦争責任を問題にする運動が全国的に広がったのですが、そうした運動に関わっている方にも、このICC規程の批准という問題はなかなか受け入れていただけないという状況がありました。実は、日弁連も似たような状況にあったわけです。

しかしながら、世界中でICCの設立に向けての動きがどんどん進んでいくなか、日本は身近に紛争が起こってないから関係ない、という話にはならないわけです。一例ですが、日本の多くのNGOが海外に出て行って、いろいろな紛争地域で、難民支援や緊急救援などの活動に携わっています。そうした最先端の活動で、実はこのICC規程あるいは国際刑事裁判所というものが、今後問題となってくるわけです。紛争が起こり、それに関係して戦争犯罪が起こったときに、そこにいあわせた人たちが、証人として、あるいは被害者としてこうした問題に巻き込まれていくことは充分に考えられます。

極東国際軍事裁判の足かせ

残念ながら、つい最近までこの問題に関心が薄かった原因を考えるとき、やはり振り返ってみて、第二次世界大戦後に開廷された極東国際軍事裁判、いわゆる東京裁判に対する評価の仕方に問題があったように思います。ご存知のように、極東国際軍事裁判は、ニュルンベルク裁判の直後に連合国軍によって設置された、日本が犯した戦争犯罪、平和に対する罪、そして一応人道に対する罪を裁く裁判でした。しかしながら、この東京裁判には、それを支持する立場からも、あるいは反対する立場からも、さまざまな批判が向けられてきました。1つは、この裁判所が、勝った者が負けた者を裁くという点で片面的な裁判システムではないかという問題です。つまり、普遍的な裁判所ではないという指摘です。また、この裁判所は、実際上は人道に対する罪について、独立のものとして判決を下すことをしませんでした。その結果、日本軍が犯した犯罪の大部分が裁かれなかったという問題があります。どういうことかといいますと、旧植民地、朝鮮半島あるいは台湾といった地域において、日本が犯した犯罪について、この東京裁判では、訴追も断罪もされなかったのです。さらに、さまざまな形で政治的に妥協した裁判でした。それは、占領軍の中核の米国が冷戦突入を直前にして、ソ連

に対する防波堤として日本を位置づけようという思惑を持っていたからです。そのため、昭和天皇の責任を問うこともまったくありませんでした。

　しかし、この連合国による中途半端な訴追に対し、国内で、日本国民が自分たちの手で、かつての戦争犯罪を裁いていくということにもつながっていかなかったのです。ですから、占領軍による裁判が終わったとき、そのまま戦争責任の追及もそれで潰えてしまったというような経緯がありました。

　実は、2000年に開かれた女性国際戦犯法廷という民衆法廷で、いくつか明らかにされた極東国際軍事裁判の問題点があります。それはどういうことかというと、東京裁判においては、今述べた問題に加え、いわゆるジェンダーの視点、つまり性暴力や性奴隷制に関する犯罪が、まったくといっていいほど問題にされなかった点です。この女性国際戦犯法廷の判決が示したことは、性奴隷制犯罪、あるいは「慰安所」の犯罪というのは、日本軍のシステムと合致した形で東アジア地域あるいは太平洋地域、東南アジア地域にほぼ満遍なく展開された犯罪でした。しかしながら、そういった制度的で広範な犯罪が、極東国際軍事裁判では取り上げられることすらなかったのです。なぜそうなってしまったのかについては、いろいろな見方もありますし、この女性国際戦犯法廷の判決は、かなり鋭い分析をジェンダーの視点からしております。

　そして、日本にいる私たちが、戦争犯罪に対する国際裁判に対してイメージを持つときには、残念ながら、これまでこの極東国際軍事裁判に対する否定的なイメージの中からでしか物事を捉えないということがありました。しかしながら、その点、このICCは、そうした過去の国際戦犯法廷の遺産を引き継ぎながらも、まったく新しい試みなのだということを充分に理解する必要があるかと思います。それは、冒頭の司会者の話にもありましたように、この裁判所は、勝った者が負けた者を裁く一時的なものではなく、あくまでも普遍的な管轄権を持ち、常設で、政治的に独立をした形で戦争犯罪や人道に対する罪を裁いていく裁判所だということです。ある種理想的な思いから始まった試みかもしれませんが、そういった理想を持った裁判所を私たちが実現するということが、現在の世界の中で、そして日本にとってどういう意味があるのかをきちんと考え直しておく必要があると思います。

9・11以降の世界の動き

　さて、話の冒頭で、ローマ会議の終了後、日本ではこのICCに対する関心はあまり起こらなかったという話をしました。しかし、最近になって若干の変化が見られるようになりました。それは皮肉にも、2001年9月11日の米国での同時多発テロがきっかけで

した。これは日本だけではありません。9・11以降、世界中で、これから戦争に直面するのではないかという危機感を誰しもが抱いたと思います。実際に米国と英国によるアフガニスタンの空爆も始まりました。また、ブッシュ大統領が、有名なブッシュ・ドクトリンで、テロリストの側につくのか、あるいは自由を守る陣営につくのか、と述べて、戦争への参加、協力を世界各国に求めました。そういう状況下で、一方に、米国に追随しなければいけないという風潮が広がるなか、他方に、別の、もう1つの流れが実は着実に生まれていました。それが、このICC規程の批准とICCの成立に向けた動きで、9・11の後に非常に急速に進展したのです。具体的には、1998年7月にICC規程が成立してから、2001年9月11日まで、この規程を批准した国は38カ国しかありませんでした。約3年間かけて、ようやく38カ国に届いたということです。しかし、9・11の後は、わずか7カ月後の2002年4月11日までで、批准国数が60を突破しました。そして、現在においては、すでに81カ国が批准をしているという状況にあります。これは、各国で準備していたICC規程の批准がちょうどその時期に重なったという考え方もできますけれども、やはり一面に、9・11後の戦争に向かわざるをえない事態が進むなかで、それに対抗するものとして国際刑事司法、つまり国際紛争やテロの問題は法律を適用して、その力で公正に解決していくべきであるという考え方が育ってきたのだと思います。同じことは日本国内でもいえます。やはり9・11の後、メディアにおいても、あるいは私が所属している弁護士会においても、国際刑事裁判所を1日でも早く作らないことには、あるいはそれが効果的に機能することなしには、テロのような事態があったときに、武力報復に向かっていく道を押しとどめることはできないのではないかという考え方が表明されるようになりました。日弁連も、ようやく今年2002年6月に、このICC規程の批准を積極的に推進するという決議を採択しました。

　ともかく、そういう状況下で、現実にICCは、2003年早々に、オランダのハーグに設立されることになりました。残念なことは、日本のほかにも、アジアでは批准国がとても少ない状況です。今のままでは、アジアから適切な判事、あるいはその他の代表を送ることができないまま、国際刑事裁判所がスタートしてしまう事態になるだろうと予想されています。それでいいということは絶対ないのであって、今からでも、ICCに対して、日本あるいはアジア諸国が、どれだけ積極的に関与していくかを考えなければいけないと考えております。

　たとえば、先ほど司会者の言葉にもありましたが、私たちは日本国憲法を持っています。そこでは、繰り返すまでもありませんが、「我らは平和を維持し、専制と隷従、圧迫と偏狭を地上から永遠に除去しようと努めている国際社会において、名誉ある地位を

占めたいと思う」と謳われています。あるいは「我らは全世界の国民が等しく恐怖と欠乏から免れ、平和のうちに生存する権利を有することを確認する」とも謳われています。こうした視点から見ても、今回の国際刑事裁判所は、まさにこの憲法前文の理念を実現する内容であるということができるのではないでしょうか。言い換えれば、このICC規程をきちんと批准して、それに参加していくということは、いざ紛争やテロが起きたときに、安易な戦争協力に巻き込まれないため、あるいはそういう戦争協力の要求にノーというためにも、どうしても必要なものではないかと考えております。

　確かに、ICC規程を日本が批准するにあたっては、いくつかの技術的な障害がありますが、先ほどクレス博士から、まず批准してから法律を整えることもできるのだという話をいただきました。本当にそのとおりだと思います。残念ながら日本政府は、そういう考え方には立っておりません。政府は、国内法を整備してから批准の条件を整えたいということを繰り返しています。それはなぜかと聞くと、自衛隊員が何か罪を犯したときに、日本国内で裁かれずにいきなりICCに持っていかれては、自衛隊の士気に関わるというような答えをもらったこともあります。別の意味で戦争協力が絡んでいるのかもしれません。

ICC批准に向けて

　では、どういう整備の準備をしなければいけないのかという点になると、先ほどのクレス博士の話が非常に価値を持ってくるわけです。私たちには、いくつか手をつけなければいけないことがあります。たとえば、日本国内の刑法や刑事訴訟法とICC規程をどう整合させるのか。新しい犯罪類型をどう規定するのか。あるいは、ICC規程を批准した場合には、日本はICCと協力をして犯罪人の引渡し、あるいは捜査協力などもしなければならず、このための新しい法律をどう作るのか、というような問題があります。ただし、ここで確認しておきたいことは、まず、これまですでに81カ国が批准を済ませていることです（2002年11月9日現在）。なおかつ、日本に刑事法制のよく似た、ドイツにおいてすでにこうした国内立法ができています。その点、私個人は国内立法がそれほど困難であるとは思えません。むしろ、日本の社会にとって、あるいは日本がこれから進むべき進路にとって、ICCがなぜどのように必要なのかについて、私たちの間での確信をもう一度高めていく必要があるのではないかと感じています。

　繰り返しますが、残念ながら今後いくつかの戦争が世界で起こる事態は、やはり避けられない状況になってきていると思います。そのなかで、日本が戦争への協力を求められたときに、日本は何をもってそれに対してノーと言えるのか、あるいは何を対置で

きるのかを考えたとき、やはりICCへの積極的な参加は、別の意味で避けて通れない課題ではないかと考えております。ご清聴ありがとうございました。

ICC設立に貢献したNGOの立場からのコメント

司会■さて、これからコメンテーターお2人にコメントをいただきたいと思います。まず、すでにお話がございましたとおり、国際刑事裁判所の設立に向けては、もちろんたくさんの国々が積極的に関与してまいりましたが、とりわけ重要であったのはNGOの働きです。なかでも、積極的に働きかけを行い、とりわけ、戦争犯罪の中での類型として性暴力などを規定の中に盛り込み、かつ被害者への補償という画期的な条項を設けるにあたって活躍されました、「ジェンダー正義のための女性コーカス」の元代表であられますヴァヒダ・ナイナールさんにコメントをいただきたいと思います。

ナイナール■毎回ICCについてお話を聞く度に、お話しされている方たちがICC発足のプロセスに関わられた経験をもとにお話しされているということを感じます。そして、いつも思うのですが、何か新しい知識として情報をいただくというよりは、全体の発足のためにプロセスの重要性を共有することを痛感するわけです。その重要性がとても増してきているということ、そして今日このお2人の話を聞くにあたりまして、私もその感を強めております。クレスさんからは、ドイツにおける実施状況をお話しいただきました。ICC規程は現在81カ国が合意をしておりますが、私が思いますのは、この81カ国が実際にこの新しいICCのシステムを国内に導入したらどうなるだろうか、非常に違った世界が出現するのではないかという気がします。そして、7年前に始まったこのプロセスが素晴らしい可能性を秘めているということ、実際、私たちが想像しえなかったほどの成果を含んでいるということを感じています。

さて、私のコメントとしましては、何点かを強調しておきたいと思います。ICCは、国家によって承認され、そしてその規程が国際的にも実際に機能することがこれから期待されています。遵守に対する期待です。しかし、その一方で、ICC規程の限界についても、これを明確にする必要があると思います。

ICC規程の限界と可能性

ICC規程は素晴らしいドキュメントです。ただし、限界もいくつかあります。1つめは、限定された管轄権の問題、そして、2つめは、ICCがある国家での事件の場合、国内での訴追、そして調査などにおいて、その国の司法の枠組みに頼らざるをえないという

点です。つまり、ICC規程は、国家がその司法能力を行使することについて、制限を加えるものではありません。ですから、政治的な意図や思惑からICCは自由ではありません。ICC規程の実施に関して、もし批准国が誠実にそれを実行したならば、違った世界観が生まれてくるだろうと言いました。しかし、重要なことは、自国においてICC規程をどのように実施していくかは、批准国に任されているということです。ドイツでの国内立法の話は、よい意味でのその事例だと思います。ドイツが国家として、ICC規程と国内法を整合させていくのか、懲役15年の刑罰とどう整合させるのか。すべてのレベルにおいて、国内法とICC規程間の司法管轄権の関連性をどう調整するかの問題が生まれてきます。

　もし犯罪の実行者が、これは想像上の事例ですが、たとえば財産を異なる複数の国において所有していたとします。その財産の価値は、犯人の行う賠償に大きく関係しています。そして、この犯罪の賠償という考え方はICCの枠組みでは非常にシンボリックなものですが、実際に犯罪者から賠償のための資産を取り上げることは非常に難しいと想像されます。ただし、可能性として、こうした犯人によって所有されていた資産または財産を賠償のために利用できるならば、犠牲者、あるいは犠牲者のグループは、ICCの制度によって利益を得ることができるはずです。これは、犠牲者、あるいは犠牲者のコミュニティがどのような賠償を要求するかにもよりますが、賠償の問題はICC規程の実施という点で非常に重要なキー要素になると思います。

　もう1つ、これもクレスさんがおっしゃったことですが、「普遍的な管轄権」は、こうした犯罪に直接関わってくるプロセスと関連しています。ただ、ICCは、直接その事件に関わることが難しいときもあります。それに対し、それぞれの国の司法権は、優先的に直接その部分に触れることができるわけです。ですから同様の犯罪が世界の異なる場所で起こった場合でも、必ずしもICCに訴えるのではなく、その発生した国、または自国の司法に訴える、あるいは地域の司法機構に訴えるということも方法として存在しています。ICCは、国内の執行立法を通して、さまざまな形で責任と義務を締約国に発生させます。こうしたシステムを通して、人道に対する犯罪あるいは女性に対する犯罪をアピールできることも重要な可能性だと思います。

　さらに、ICCで利用される法体系は、一般に、これまでそれぞれの国で使われてきた法制度よりも進歩的なものになることは明らかです。ですから、国内の既存の法律に限界のあるところでは、ICCを通して女性に対する犯罪により光を当てることができると考えています。

日本に対する要望

　日本についても少し触れておきましょう。日本には、この条約に批准国として参加してほしいと思っています。東澤さんがおっしゃいましたように、ローマ会議では、日本政府は非常に建設的な関わり方をしていました。ただし、女性コーカスがフォーカスを当てていたジェンダーに対する犯罪になりますと、ある種、日本の政府代表団には引いてしまうといいますか、消極的な態度が見られました。女性の性的な奴隷状態に関する犯罪では、とくに第二次世界大戦時の問題が関わってくるからだとは思いますが、法的な責任を受け入れるという点などに難色を示していました。日本の帝国軍が行った、いわゆる慰安婦問題がこの背景にあるのだと思います。この問題は、ICC規程を日本が批准するという点で確かに足を引っ張っているのではないかと思いました。しかし、慰安婦問題につきまして、原則として日本政府がなすべきことがあるように思います。もし日本がICC規程を批准したとすれば、ジェンダーに関するたくさんの原則をも受け入れることになります。そのなかには、被害者に対する賠償という原則も含まれるわけです。つまり、ICCを受け入れれば、過去に慰安婦として扱われた女性たちに対する補償を考える余地も、そこに生まれてくると思います。これは議論の余地のある問題かもしれませんが、こうしたポイントが、とくに日本を含めて同じような問題を抱える国々のICC規程の批准作業に関する困難さを生んでいるのではないかと思いました。

　また、日本が参加することの重要性を、とくにインドをはじめとしたアジア諸国のICCへの参加という視点を含めて申し上げたいと思います。すでに81カ国が批准していると紹介されましたが、そのなかでアジアの参加国は、まだ8カ国か9カ国ではなかったかと思います。ただし、これには、太平洋地域、中央アジア、中近東地域も含まれています。ともかく、アジアからの代表が限られており、ICCの法廷の構成を見たときに、その特徴は明らかだろうと思います。つまり、ICCの判事を選ぶ場合、その締約国会議において選挙で18名の判事が選ばれますが、その際、地理的な代表性や最小限の人数という要件がつくと思います。2003年2月にこの選挙が実際に予定されていますが、少なくとも3名がそれぞれの地域から出ていてほしいという要望があります。この地理的区分は、旧ソ連圏を含む東ヨーロッパ、ラテンアメリカ、アフリカ、西ヨーロッパと米国・カナダ・オーストラリアその他の国、そしてアジアとなります。それぞれの地域からまず3名ずつを選ぶということになりますと、選ぶのに充分な数の代表者、そして充分な候補者がいなければなりません。もちろん、地理的なバランスがうまくいったとしても懸念は残ります。たとえば、それぞれの地域から選ばれた判事は、政府から推薦されたという点で、保守的な人であるかもしれず、また、ICCの中心となる考え方

に一定の距離を置いた人物かもしれません。また、最小限の人数要件に触れましたが、判事に関しては、少なくとも12名が女性であるべきだと思います。来年の選挙に向けて、これまで4名しか女性は立候補しておりません。このまま選挙になれば、このなかで1名または2名が残るだけになるかもしれませんが、地理的と同時に、ジェンダー的な代表性も大きな問題になるわけです。ともかく、よりたくさんの国が参加することで、こうした人材も豊かになるものだと思います。現状では、西ヨーロッパその他の地域からの判事が多くなると予想されています。判事の選定には、投票した締約国の3分の2の支持が必要という条件もあり、投票回数として、4回までできることになっています。その必要投票数を得なければ、判事として選ばれないのです。そうしたシステムの中では、可能性として、1つの地域から3名より多くの代表が選ばれてしまうということも可能なのです。これはテクニカルな問題ですが、法廷の構成は、2003年2月の判事選定に関して、NGOが注目しなければならない点です。

イラクに関する決議を聞いて考えたこと

　最後に、安全保障理事会におけるイラクに関する決議について、考えることがたくさんありました。もちろん、イラクがこの決議に従わない場合、従うことを要求されるわけですが、従わない場合の結果ということも考えなければなりません。また、大量破壊兵器を実際イラクは所有していたとして、所有していることがイラク攻撃の正当な理由になるのか、そこに疑問の余地が残ります。そして、国際社会がその攻撃を承認できるのかどうかにも疑問があるわけです。しかし、ただ1つ、問いかけなければならないのは、この現在の状況が、ICCにどういう意味をもたらすのかということです。もしイラクへの攻撃が許されるならば、ICCの立場はどうなるのでしょうか。人道に対する罪に照らして、どのようなリアクションが可能でしょうか。そして、攻撃の責任者を、あるいは犯罪の責任者を訴追すべきなのでしょうか。そうしたたくさんの問題を考えていかなければならないと思います。

「補完性の原則」の意味と多国の批准の必要性

司会■ありがとうございました。多少専門的なお話もいろいろと出てきましたが、日本が参加することの重要性に関するご指摘もございました。それはとりわけ、アジアからの参加国が少ないということとの関係で、まず、これは判事、裁判官の選任に関わってくるわけです。そして、国際刑事裁判所が、それに関わっているすべての国からきちんとした評価を得ていくためには、裁判所が信頼性をきちんと持つことが大切になって

きます。その点では、先ほどクレスさんからお話があった証人、証拠をどうきちんと確保するかということも、ナイナールさんが言及されていた裁判官がどのような形で選任されるかということも、公正な裁判を行っていくためにたいへん重要な問題になります。今ナイナールさんが指摘されていた点は、ICC規程の第4部が裁判所の構成や運営についての規定になっており、第36条に裁判官の資格や選出方法の手続きが定められております。とりわけ、日本が参加することの重要性との関係で言いますと、第36条8項aには、締約国の裁判官の選出にあたって以下のことを考慮に入れなければならないとあります。

「i　世界の主要な法制度を代表すること、ii　地理的に平等な代表制を持つこと、iii　男女の裁判官を公正に代表すること」。

これらが裁判官選出のうえで大切な点であると明示することによって、公正な裁判を作っていこう意思が表示されています。

それでは、「ジェンダー正義のための女性コーカス」がICCに積極的に関わったと同じように、日本国内だけではなく、国際NGOとして、ICCの設立に重要な役割を果たしてきたアムネスティ・インターナショナル日本の事務局長、寺中誠さんからコメントをいただきたいと思います。

寺中■今日は、アムネスティ・インターナショナル全体の取組みを踏まえながらお話させていただこうと思います。この午前中のセッションのサブタイトルには、ドイツと日本、それから米国の対応について触れられていますが、米国については現段階まで言及がありませんので、たぶん私から発言しなければいけないのだろうなと思っています。

まず、これまでのお話に出てきた重要な点について司会の齊藤さんからわかりやすい説明がありましたが、私からもちょっと補足をさせていただきたいと思います。1つは、クレスさんがお話しされた「補完性の原則」です。

「補完性の原則」とは、ICC（国際刑事裁判所）が管轄する犯罪は、基本的には国内で裁くという原則です。国内、つまり締約国の国内で、その司法権によってこうした犯罪を裁くことがまず優先されます。それがどうしようもないとき、その国が犯罪に対する裁判をきちんとやらない場合、要するにその国の司法権が機能していない場合にのみ、ICCが出てきて、いろいろな司法権の行使を行うことができると決められています。つまり、この原則は、1つの前提を持っています。すなわち、各国は、場合によっては、自分たちの責任を果たさないことがあるという前提を持っているわけです。

これが、できるかぎり多くの国の批准がICC規程には不可欠であるという理由の1つです。ICCで扱われる犯罪というのは、国内法で処罰することが原則になっていて、

ICCはその上にさらに網をかぶせているにすぎないということです。もう1つは、基本的にICC規程は、締約国の領域内で犯罪行為が行われた場合、それから締約国の国民が犯罪行為を行った場合に管轄権を有するのみです。例外的に、国連安全保障理事会が事件を付託する手続きをとった場合には、いわゆる普遍的管轄権で、締約国でない国も含めてICCが管轄権を持つことができますが、これはきわめて例外的な場合です。安全保障理事会が充分に機能しない場合、とりわけさまざまな政治的利害が絡んで動かない場合には、そういう動きは出てきません。したがいまして、締約国がどんどん増えていかなければ、事実上、国際刑事裁判所といっても、世界をすべて網羅するわけにはいかない、実際上機能しないということになってしまうわけです。その意味からも、アジア太平洋地域を含めて、とにかく締約国を増やさなければいけません。

米国の姿勢と「自国民不引渡し原則」

　それから、「補完性の原則」から、基本的には国内法が優先されるものの、国はまともにやらないことがあるというのが前提と言いましたが、似たようなコンセプトに立ちながら相反する立場を持っている原則があります。それは、クレスさんからも指摘がありました「自国民不引渡し原則」というもので、いくつかの国で採用されており、ドイツも日本もそのなかに含まれています。この「自国民不引渡し原則」とは、基本的に他国は信用しないということが前提です。他国は信用できないから、自国の国民を他国の司法制度に引き渡すことは極力慎重でありたいという原則ですね。例外的な場合にのみプライオリティをつけて引渡しを認め、基本的には自国の中できちんと処罰ができるという体制をとることが、この原則になります。

　こうした原則を考えていきますと、非常にわがまま勝手な国家の場合は、以下のようなことになる可能性があります。まず、自分の国民は他の国には引き渡さない。それから自国内では、この人たちには免責特権を与えようとする態度に出ることです。そういうわがままな国は、基本的にはICC規程など国際条約を批准することに、非常に躊躇するであろうと思われるわけです。

　まさにそのとおりの行動をとっているのが米国です。東澤さんが触れておられましたけれども、9・11事件は、国際的な「テロ組織」が犯人ならば国際的な人道に対する罪だとして、本来、これに対する処罰を求めるべきであった米国は、それには言及せずに、自国の中ですべての片を付けるという態度に出ました。先ほど申し上げた、要するに他国は信用できないから、自分で全部やるという態度です。そして、自分の国のそういう行動を、世界各国は承認し、支持すべきだという圧力を国際社会にかけました。

それが国連安全保障理事会決議その他に絡んで、2001年以来ずっと続いた米国の行動でした。ただし、米国は9・11以降、急にそういう態度に出たわけではありません。9・11以降、そういう態度があらわになったとはいえますが、実際には、かなり以前から米国は国際社会に対してそういう態度を方針としては持ってきたわけです。
　たとえば、1993年に、ICCを設立しようという動きが国際的に盛り上がり、1998年には最終的にICC規程ができるのですが、この経緯のなかで、米国は、極力そこには入り込まない、というよりも阻害しようという姿勢で関わったために、ICCの成立過程ではかなり評判の悪い国になってしまいました。
　ところが、こうした説明は、不思議な反応を引き起こしてしまうことがあります。とくに日本では、その経緯から、東京裁判が非常に不公正だったという感覚を多くの人が持っています。その観点もあって、人権擁護の活動をしている人たちのなかにも、国際刑事裁判所は基本的に処罰をする側だから、人権擁護とは相容れないのではないかという疑問を持つ方、また、国際刑事裁判所ができ上がっていく過程というものは、実際上は米国が進めている国際的な覇権を握ろうという動きの一環ではないかという懸念を持つ方もいます。
　そういう懸念を覚える人は、感覚的な方まで含めればかなりの数に上ると思いますが、これは、米国がこれまでICCに示してきた対応とはまったく相反するものです。米国は、ICCのようなアイデアとはできるだけつきあいたくないという態度をこれまで一貫して示してきました。米国が何を恐れているかというと、どうやら、自国の兵員がICCにかかる可能性を極度に警戒していると思われます。さらに、おそらくは、大統領自身がICCにかけられる可能性についてもきわめて警戒しているのではないかと思われる節があります。
　ICC規程は、ご覧になっていただければわかるとおり、かなり公正性を確保した規程になっています。これまでのさまざま国際的な基準を網羅し、対象犯罪に関しても、また公正な裁判の規定に関しても、1つの国際基準として確固たるものを打ち出そうという強い目的の下に作られた規定であるといえます。したがって、国際人権法の粋を集めた部分も確かにあるのです。ナイナールさんは、これでもまだ足りないのだとおっしゃいました。まさにそのとおりなのですが、しかし、それでも国際法の中でこれまで審議されてきた基準が、ここにはかなり網羅的に反映されています。そうした反映があるにもかかわらず、米国はそれを信用しようとしていないのです。
　米国政府は9・11以降、ICCに対してきわめて敵対的な態度をとっています。まず、絶対に米国の国民はICCに引き渡さないと決めました。また、米国の国民がICCの締

約国で罪を犯してICCにかけられた場合、奪還のための米軍の出動もありうるというような規定を含む立法措置を、議会に提出しました。連邦議会でこの案は審議されたのですが、最終的には、連邦議会も、米国の国民が引き渡されることに絶対に反対するという法律を成立させました。ただし、軍を派遣して、米国民を奪還あるいは救出するという条文はさすがに削除されました。これは何を意味するかといいますと、ICCはハーグに設立されるわけですから、オランダのハーグに米軍が軍事侵攻することを意味するわけです。ハーグ侵攻作戦条項は削除されましたが、米国の基本的な態度として、ハーグに侵攻しかねない勢いであったことは、覚えておかれてもいいのではないかと思います。

　9・11以降、米国がそれほどまでに強い態度に出てきた理由は2つあります。1つは、現在も進んでいる、米国が各地で展開している国際的な軍事行動です。今回、またイラクに攻撃を加えるといっていますから、こうした軍事行動に対する阻害要因になると警戒しているようです。もう1つは、米国の兵員も国連の平和維持活動（PKO/PKF）に従事することがあるわけですが、この平和維持活動に従事している米兵が、米国の巨大さゆえに、人道に対する罪などを含む問題を引き起こして、ICCにかけられる可能性が否定できないからです。

　米国は、この可能性を排除するためにいろいろな策動を行っています。まず、平和維持活動に従事する要員は、一切ICCにかけるなという提案を安全保障理事会に行いました。この国連活動に従事する米国の要員をかけないと認めろと迫ったわけですが、これはさすがに削られました。しかし、一切かけないという案も、安全保障理事会では非常な反発を呼び、交渉の結果、最終的には平和維持活動に従事した要員に関して、1年間の免責特権を認めるという妥協案が成立し、これが決議として安全保障理事会を通りました。アムネスティはこれに対して、きわめて強く懸念を表明しました。すなわち、この決議は、ICC規程という国際基準が、事実上安全保障理事会の決議により変質させられたことになるからです。この決議の有効期間は、当初は1年間ということになっていますが、更新される可能性があります。したがって、ずっと平和維持活動が免責特権を与えられるという可能性を払拭できない点で、非常に憂慮すべき状態だと思います。

米国のさらなる策動――二国間条約

　それから米国は、もう1つの安全保障措置あるいはセーフガードとして、二国間条約で、さまざまな国から犯罪人をICCに引き渡さないという約束を勝ち取る戦略に出

ました。これは米国が、ICC規程の締約国であっても、特定の不引渡し取決めをしている場合にはそれに従うという、ICC規程の条文を巧みに曲解して使っているものです。米国はその規定を利用することで、自国民がさまざまな国から引き渡される危険性を排除しようとしているのですが、現段階で、私の知るかぎり、13カ国とはそのような合意に達したと聞いています。いくつかの国は、この二国間条約をすでに批准したとも聞いていますが、その数はまだ少ないはずです。また、反発をしていたEU外相理事会が2002年10月1日に、条件付きですが、この二国間条約を結ぶことに一応容認の姿勢を示しました。EU諸国のなかにも、場合によっては二国間条約の締結を認める国が出てくるかもしれません。現段階での二国間免責条約の締約国は、東ティモール、ガンビア、ホンジュラス、マーシャル群島、ルーマニア、それからタジキスタンといった国々です。おわかりのように、タジキスタン、東ティモールという、アジアのなかでも数少ない締約国がこのなかに入っています。

　これは、非常に憂慮すべきことなのですが、では実際にどの程度憂慮すべきことになるかは未知数です。さほど具体的な影響はないかもしれません。要するに、米国人が訴追されたという事実があってはじめてこの二国間条約は役に立つわけです。米国の観点から見れば、これが実際に発動するかどうかはそのときになってみなければわかりません。ただし、少なくとも、こうした二国間条約によってICC規程の効力が着実に弱くなっており、そういうマイナスの努力が若干ではあるけれども、実を結びつつあることはいえると思います。

　アムネスティあるいはCICCなどはこの間、こうした動きに対して非常に強い懸念を持ち続けています。ICC規程が発効したのは2002年7月1日です。ですからそれ以降の軍事行動その他に関しては、人道に対する罪、ジェノサイドなどがこのICC規程によって裁かれる可能性があります。しかしながら、それに対して、さまざまなこういう足かせがすでに動き始めています。1つは、東澤さんのおっしゃった全世界が戦争に向かって動き始めているということと連動しているのかもしれません。

拷問等禁止条約への対応から見えてくる日本の姿勢

　さて、当初の問題に戻りますが、先ほど、「犯罪人不引渡し原則」は自国以外を信用していないものだと申しました。そして、日本もそのシステムを持ち、堅持しています。日本の逃亡犯罪人引渡し法に関しましては、その第2条9項に、日本国民は引き渡さないと明示されています。もちろん、二国間協定があれば引き渡す可能性というものはありうるのですが、現在のところ日本は、これに関する二国間協定をほんのわずかの国

としか結んでいません。最も長くこれを結んでいるのが米国であったりします。そして、日本は、1999年に拷問等禁止条約に加入したのですが、この条約は、実は引渡し規定を持っています。したがって、拷問等禁止条約に基づく引渡しが日本の場合ありうるのですが、日本は国内法の不引渡し原則などを理由になかなかそれを認めませんし、1999年以前の問題については、さらにそれを認めるという態度を見せていません。

　ここで端的に問題になっているのが、フジモリ元ペルー大統領の問題です。ペルーはすでにICC規程を批准しており、米国との二国間協定も断固拒否するという非常に強い姿勢を見せています。伝統的には、ペルーは国際人権基準に対しては躊躇しがちな国だったのですが、この数年に、パフォーマンスもあるのでしょうが、かなり積極的になっています。とくに、このICC規程に関しては非常に強い態度を持っています。一方、このICC規程を未だ署名も批准もしていない、あるいは加入もしていない日本との間の問題がフジモリ問題です。日本政府は、この問題については、1999年以前の問題であること、拷問等禁止条約の対象にあたるかどうかわからないこと、そして自国民は引き渡さないという原則の存在などを挙げて、まったくの静観を決め込んでいます。現段階では、ペルー政府から引渡し請求自体が来ていませんので（この後、2003年7月31日に引渡し請求がされた）、大きな問題になっていないともいえるのですが、引渡し請求が来た場合でもそのように対応するといっていますので、国際的な責任を放棄しているのではないかと懸念されています。

　このフジモリ問題は、ICCを考えるうえで非常に大きな問題を投げかけています。以前には、チリのピノチェット元大統領の問題がありましたが、このときには、拷問等禁止条約などを使いながら、国際慣習法で認められた人道に対する罪のような国際犯罪に関する処罰法がいくつも試されました。これはICCへのひとつのステップであったと思われます。同じようなことが、たぶんフジモリ問題にもいえるのだろうと思います。

　日本政府は、フジモリ氏がどのような犯罪を犯したのか特定できないといいます。フジモリ氏が犯した行為を、拷問等禁止条約に基づいて考えるとすれば、国際法の一部であるこの拷問等禁止条約は日本の国内法に反映していなければなりません。ところが、傷害罪や殺人罪はありますが、拷問罪という罪は日本にはありません。また、問題は日本の傷害罪や殺人罪は基本的に行為責任であり、その行為者が第一義的に責任者ということになりますが、もし、それに対する正犯に近い共同共犯がいたとしても、それは教唆行為というようなものが具体的に証明されなければなりません。教唆というのは、要するに指揮をしたということです。たとえば、フジモリ氏が包括的にそのような人権侵害を起こすことを認めていたとしても、特定行為ではありませんので、やはり

日本の刑法上は処罰が難しいことになってしまいます。これは、日本が批准した拷問等禁止条約に書かれた条文の内容が、日本の国内法では充分に反映されていないことのひとつの証左です。

　それにもかかわらず、日本は拷問等禁止条約を、国内法が完全に整備されているという理由で1999年に加入しました。ですから、日本のそうした態度は、先ほどのクレスさんのお話にもありましたが、要するに「構成要件主義」をとっている国の問題でもあります。日本とかドイツの場合には、批准後により緻密な国内犯罪規定あるいは国内法整備を進めるべきだとおっしゃってくださったわけですが、まさにその点の再考が促されるべき状況であろうと思います。

NGOが今後なすべきこと

　すでに署名期限が過ぎ、そして批准期限も過ぎましたからもう加入しかありえないのですが、日本の場合は、ICC規程に加入する動きが具体的になっていません。非常に積極的であり支持していると外務省の条約局などは言っているのですが、しかし、どこまでそれが現実化するのかについては、東澤さんのお話にもあったとおり、未知数の状態にあります。

　その一方で、私たちがもう1つ考えなければいけないことは、ICC規程の中に、1949年ジュネーブ4条約にある戦争犯罪がほとんど網羅されていることです。ジュネーブ4条約については、日本は1952年に国交が回復すると早々に加入しました。そして、ジュネーブ4条約は、条約自体が戦争犯罪を規定し、それを国内法で整備しなければいけないことになっています。しかし日本は、ジュネーブ4条約の国内法整備を未だかつてやっていません。すなわち、50年も国内法を整備しないまま放置してもジュネーブ4条約には加入できるのに、国内法整備ができていないからという理由で、ICC規程にはこのまま加入できないというのは、理屈が通らないのです。ですから、日本は、加入できない理由という点ではかなり一貫性を欠く国であるといえるだろうと思います。

　ともかく、ICC規程に対する阻害要因や妨害工作、日本のフジモリ問題や米国の二国間条約によるICCの骨抜きなどの動きに対して、市民の側からの国際的な監視の目を強化しなければいけないというのが現状だろうと思います。その目的で、CICCというNGOの連合体、またアムネスティ・インターナショナル、あるいは「ジェンダー正義のための女性コーカス」、そのほかさまざまな国際NGOがICC問題の重要性に関して警告を発しているのが現状であります。

　実際には、人権擁護のための措置というのは、ICCに限るものではありません。とい

うよりも、ICCは最後の手段といったほうがいいかもしれません。それ以前にやらなければならないことがたくさんあるわけです。そして、最後の最後に至ってしまった、不幸にしてそうなってしまったときに、ICCという安全弁を持っておきたいというのが、市民社会の願いだと思います。グローバルな市民社会のこうした願いを、自国に対する脅威と考えているのが米国であり、また、自国はなんとか無視できないかと考えているのが日本であるかもしれません。そうした現状を、私としては再確認しておきたいと思います。

司会■ありがとうございました。米国が免責1年を提案して、安全保障理事会がこれを拒否したのですが、妥協案として、安保理決議1422が採択されました。これは、国連が行う平和維持活動にはICC規程を適用しないという内容です。その背後には、このICC規程に加入する場合、あるいは二国間条約を結ばない場合には、軍事援助を停止するという米国の脅しがあります。それに対して、寺中さんのご所属であるアムネスティ・インターナショナルから、国際司法を後退させるなという声明が出されております。

それでは、フロアからの質問等に時間を割きたいと思います。

質疑応答

日本は二国間条約を結ぶのか

質問者■米国が要求している二国間条約に関して、日本にも米国から申入れがあったというか、締結を持ちかけられているという記事を読んだことがあるのですが、現状がどうなっているのか、教えていただきたいと思います。また、ICC規程未批准の日本が、米国とそういう二国間条約を結ぶ意味についても教えていただければと思います。

寺中■日本も二国間条約に関する働きかけは受けているようです。米国は、ほとんど無差別にあちこちに働きかけをしているようです。では、日本のほうで具体的に二国間条約を結ぶという動きがあるかといえば、今のところは見えていません。少なくとも、所管である外務省条約局法規課でそういう動きをしているという話は聞いていません。ただ、二国間条約を結ぶ可能性はつねにありますから、警戒する必要はあるだろうと思います。

それから、ICC規程に加入していない国、アフガニスタンやミクロネシア連邦、モーリタニア、マラウィといったような国々が、この二国間条約の締結に合意しているといわれています。これをどう考えるかということですが、1つは、締約国になった場合、米

国人を免責する意味を持ってくるということです。もう1つ、締約国でない場合、ICCが普遍的管轄権を持った場合、一般にはICCに対する協力義務が否応なく発生するのですが、それを無視する根拠になるということです。非常に例外的な場合ではありますが、ICC規程に加入していない締約国であっても、普遍的管轄権が行使される場合には、こうした二国間条約を理由に、国家の責任を免れるということが実際上できると思います。それ以上は、おそらくシンボリックな機能がむしろ重視されているのではないでしょうか。

質問者■朝日新聞の2002年8月11日の記事に、二国間条約に関しては、NATOの加盟国や日本、韓国、豪州など主な同盟国は対象から除外されていると書かれています。これは必ずしもそうではないということでしょうか。

寺中■これは軍事援助停止が除外されているということだと思います。二国間条約を結ぶという法的な働きかけは、EUも含めてすべての国々に対して行われています。本当に無差別攻撃なのですが、軍事援助停止をバーターでちらつかせるという方法を、同盟国には働かせていないということだと思います。

現在の政治状況において日本政府と日弁連がICCに消極的な理由

質問者■東澤さんに質問したいのですが、具体的に日本は有事法制を積極的に通そうとしておりますね。それによって、日本国憲法、とくに第9条がないがしろにされると予測されます。私は、有事立法そのものが憲法違反だと思いますが、憲法も変えられる可能性がある、今の日本の政治状況で、この国際刑事裁判所を日本が無視というか拒否してきた現状をお話しされたのですが、そのへんの関係をもう少し詳しく聞かせていただければと思います。もう一点、弁護士団体もICCに積極的でなかったのには、どういうことがあったのでしょうか。その理由を教えていただきたいと思います。

東澤■まず、後の質問からお答えします。当初弁護士会がなかなかICC支持に動けなかった理由は、ICC規程を批准すると人道に対する罪とか戦争犯罪といった新しい犯罪類型を日本国内に作らなければならない、という点に関係しています。弁護士は、新しい犯罪類型を立法するということには、伝統的に警戒心を抱いています。つまり、罪が増えていくということは、刑事被告人の人権にマイナスではないかという考え方が一般的にあるからです。ですから、新しい犯罪を作るような条約に参加していくということは、ちょっとまずいのではないかという懸念があったのは事実です。しかしながら、結果的には、そうではないという結論に達しました。この規程は新しい犯罪を国内法で作るかもしれないけれども、国際犯罪として許されないような、人道に対する罪、戦

争犯罪などを処罰していくことがむしろ人権擁護に取り組む弁護士会の本来の目的に合致するのだという理解ができたわけです。とくに、9・11事件後、有事立法が叫ばれるなか、弁護士会は、有事法制ではなく、こういった国際刑事司法をきちんと確立してテロに対応すべきだという立場に立つようになり、その結果、すんなりとICC支持を打ち出すことが可能になりました。

　前者は、やや難しい問題です。日本政府は、このICC規程の批准、あるいはジュネーブ4条約に基づいた国内法整備を、有事法制を作る第三段階という形で、2002年3月に位置づけました。それで、ICC規程の批准やジュネーブ条約の国内立法を作ることは、有事法制を作ることなのかという対応があって、なにか変な形で政府に絡めとられたところがあります。しかし、あくまでも論理的、実務的に考えれば、有事法制を作っていくことと、ICC規程に加入することとはまったく別の問題です。むしろ、正反対にあるといってもいいかもしれません。ICC規程は、その前文で、こう言っています。「この関連で、本規程のいかなるものも、いずれの国家の内政上の武力紛争に対するいずれの締約国の介入をも容認するものととられてはならない」。つまり、ICC規程を批准することは、戦争、武力行使を前提として認めることではないのだとはっきりいっているのです。ですから、武力を憲法上絶対行使しない国であっても、このICC規程に参加していくことは論理上充分可能だし、すべきです。そういった国の例としては、コスタリカの例があります。

質問者■有事立法を作るために国際的な事例が挙げられています。たとえば、テロ特措法を作って、現実には憲法から乖離した社会を作り、とうとう憲法が邪魔なのでそれを改正しようという動きはすでに起きています。憲法調査会も答申を出しています。国際的な動きのなかで、日本社会に憲法との乖離が広がっている現状を見ていると、現実的にどうすればいいか懐疑的になってしまうのですが。

東澤■ご指摘に関してはいろいろな考え方がありますが、僕はこう考えています。やはり憲法第9条の平和の理念は、絶対守らなければいけない。現在は、米国が軍事行動、戦争を起こして、それへの参加を日本が求められているというときで、これに安易に乗っかっていくことは憲法と矛盾すると思います。他方で、この国際刑事裁判所を支援することは、武力によらずに、刑事司法制度によって正義を確立していこうという動きですから、あくまでも戦争を拡大していくという方向とは対極にあると思います。日本は、残念ながら国際刑事裁判所に積極的に参加していくという方向ではなく、憲法とは逆に外れた軍事協力という道を歩みつつある段階だと思います。ですから、この流れを正反対に変えるためにも、この問題に取り組む必要があると考えます。

ジェンダーの視点から見るICCの課題

司会（上村）■ここから司会を交代させていただきます。恵泉女学園大学人文学部国際社会文化学科の上村英明です。次のセッションのテーマは「ICCの課題」ということで、「ジェンダーの視点から」というサブタイトルをつけさせていただきました。パネリストはナイナールさん、それから新しいパネリストとして、東京造形大学で国際刑事法あるいは刑法を専攻されている前田朗さんにお願いいたします。前田さんは、アフガニスタンで今回の米軍によるアフガニスタン攻撃の被害状況について調査をしてこられました。その点に関しても、ICCを絡めて新しいお話を伺えるものと期待しています。それからコメンテーターはクレスさん、そして私の同僚で、長年、東ティモール問題に取り組んできました古沢希代子が担当いたします。

では、最初にナイナールさん、よろしくお願いします。

ナイナール■昨日の講演に触れつつ、さらに具体的にお話を申し上げたいと思います。とくに本日は、女性に対するすべての犯罪をICC規程が網羅することの重要性とその理由についてより具体的に申し上げたいと思います。

ICC規程における女性に対する犯罪の位置づけ

さて、ICC規程の最も重要な成果の1つが、ジェンダーの課題が取り上げられたことであると繰り返したいと思います。たとえば、強姦罪はすでに、戦争犯罪として認められていたわけです。旧ユーゴ特別国際法廷およびルワンダ特別国際法廷の2つの裁判を通じて、強姦が戦争犯罪であるということが認められました。しかしながら、強姦は個人の不可侵の権利を脅かすものであるという形では認められていないのですね。1人の個人の名誉を侵害する罪として認められています。「戦時における文民の保護に関するジュネーブ条約（第4条約）」、あるいはその議定書などでも、個人の名誉が侵害されたものとして強姦罪を位置づけています。しかし、これは社会の偏見を反映しているわけです。すなわち、女性が攻撃あるいは強姦されたとき、それは、その女性の名誉が侵害されたのであって、その女性自身を侵害したものではないということです。そして、この名誉への侵害は、自分自身の尊厳の侵害ではなく、彼女が属する家族あるいはコミュニティ、あるいは属する国家の名誉への侵害であると位置づけられてきたわけです。つまり、女性を攻撃し、強姦することは、その社会を攻撃することであり、それゆえに罪であるという位置づけでした。言い換えれば、女性の身体が不可侵である、要するに身体の不可侵性が侵害されたとは認められていなかったわけです。ですから、

女性に向けられた性的犯罪に関しては、女性というシンボルに対する侵害、つまり女性の名誉を侵害されているわけではなくて、女性自身の身体の不可侵性が侵害されたのだという理解こそが重要であるわけです。そして、この理解が「戦争犯罪」そして「人道に対する罪」としてICC規程において初めて認められたことは大きな意義を持っています。

さて、このような強姦罪などが、コミュニティに対する攻撃ではなく、むしろ女性自身に対する攻撃として「戦争犯罪」「人道に対する罪」と認められたことによって、強姦のみならず広範囲な女性に対する犯罪が認められるようになりました。たとえば、性的奴隷制、強制妊娠、強制断種あるいは強制売春など、さまざまな性犯罪が具体的な罪名としてICC規程の中に網羅されています。そして、これらの広範囲な性犯罪が、「人道に対する罪」として位置づけられているわけです。

ICC規程起草作業における抵抗

これら一連の女性に対する犯罪をICC規程の中に盛り込むということは、非常に難しい作業でした。なぜこれらの具体的な犯罪名を条約に盛り込まなければならないのか。この条約交渉の席で、各国の代表団と激しい論議をしなければなりませんでした。また、他の多くのNGOとも、強制妊娠、強制断種といった犯罪をなぜICC規程に盛り込まなければならないかについて、大きな議論をしたわけです。なぜ、性的奴隷制を特別な犯罪として入れなければならないのか。あるいは、強制断種や強制妊娠などは生体実験罪に含めることができるのではないかという反対意見もありました。かなりの抵抗があったわけです。しかし、女性であるがゆえに攻撃の対象とされ、具体的な結果をもたらす犯罪は実際存在するわけですから、それらをICC規程に網羅することはたいへん重要なことでした。

条約の採択が行われたローマ会議では、いくつかの大きな対立点がありました。1つは、強制妊娠を含めるかどうかです。つまり、人工中絶あるいは避妊に反対する宗教団体、バチカン、カトリック教会などの影響下にある団体は、強制妊娠罪の明記に反対しました。彼らは、強制妊娠を含めれば、人工中絶を禁止している国家はICC規程に基づいて刑事罰を科せられるという懸念を持っていました。これは、条約の条文をきわめて拡大解釈していると思います。たとえば、1990年代、ボスニアあるいは旧ユーゴで起きた事態を考えていただきたいと思います。当時、この地域では、強制妊娠を通じて、いわゆる「ジェノサイド」が行われたのです。つまり、強姦され、強制的に妊娠させられ、そして出産も強制されました。自分の属する人種や民族とは違う人種や民

族の子どもを強制的に産まされたのです。これは明確に人道に対する罪であり、ICC規程に盛り込むことは必要なことであったわけです。

さて、2つめの問題は、ジェンダーという用語の定義です。ジェンダーという言葉をICC規程に入れるという立場に対して、多くの反対意見がありました。理由はさまざまでした。たとえば、政府代表団のなかには、まずジェンダーの意味が理解できないという意見がありました。他の言語に適切な訳語がないという立場から反対する者もあれば、大きな偏見をもってこのジェンダーの言葉の意味そのものに拒絶反応を示した者もありました。また、ジェンダーの用語に反対するもう1つの立場は、同性愛など、いわゆる性的指向に対する差別あるいはその摘発につながるのではないかという懸念を示すものでした。

ICC規程には、ジェンダーという言葉が含まれていますが、そこには補足説明があります。ジェンダーは、社会における男性と女性であって、それ以上の意味を持たないという脚注がついております。ジェンダーは、国連のさまざまな条約の中で多様な意味において使われてきましたが、国連事務局は、私たちが定義しているような形でジェンダーを定義しております。つまり、社会的に定義された男性の役割そして女性の役割によるその社会における男性と女性の地位の違いです。ですから、社会における男性と女性という定義は、私たちの理解とそうかけ離れたものにならずにすみましたが、一時期はICC規程にこの言葉を盛り込むか、盛り込まないかの対立によってICC規程が採択できない状態になったこともありました。

ICCの手続きにおけるジェンダーの問題

性犯罪およびジェンダー罪をICC規程に含めるという取組みは、証言あるいは証拠の取扱いなどの手続き規定にも関係しています。女性が、裁判の審理過程において受けるさまざまな状況、直面する多くの場面への配慮が規定されています。一般に、多くの裁判において、とくに性犯罪において女性の証言は信用されない傾向があります。女性は根拠がないのに男性に対し性犯罪を申し立てるという懸念がよく指摘されます。たとえば、男性が窃盗あるいは殺人などを根拠がないのに申し立てるおそれはあたかもないようなのですが、女性に対しては疑いが向けられます。ですから、女性が強姦罪などを申し立てた場合、国内法ではそれを証明するなんらかの証拠を示す必要があるわけです。しかし、ICC規程においては、性犯罪の裏づけ証拠の提出を申立人に要求しておりません。

さらに、通常国内法では、女性が性犯罪を申し立てる、あるいは、強姦罪を告発す

るときには、女性自身の人格が問われる場合があります。たとえばあまり倫理的に立派な人ではない、もしかしたら売春婦であるかもしれない。あるいはその女性は複数の男性と性的関係を持っているから、その女性の証言は信用できない。こうした見方の結果、女性が司法プロセスで正義を主張できないという状況も少なくありませんでした。これに対し、ICC規程の手続きおよび証拠に関するルールには、明確に、弁護側はその女性の、事件以前のあるいは事件後の性的な行動に関しての証拠を提出することはできないと規定されています。これは、各国の国内法の規準から見れば、大きな進歩であるわけですね。また、このような性犯罪が起きますと、被疑者は、むしろ女性が性的交渉に進んで参加した、あるいは同意したと事件を否定します。しかし、ICC規程では、弁護側は、承諾があったという理由だけで女性の証言を否定することはできません。

性的犯罪の位置づけが可能となった背景

　しかし、なぜここまで性的犯罪を「戦争犯罪」「人道に対する罪」として位置づけることが可能になったのでしょうか。まず、ここ10年間、国内的あるいは国際的に女性運動が非常に強力に、そして活発に運動を展開してきたからです。確かに、性的暴力は、必ずしも女性だけが対象になっていないという認識が広がってきたことも理由の1つです。たとえば、旧ユーゴでの内戦において、多くの性的暴力が男性にも向けられました。しかし、国内法を変えるための女性団体による国際的な活動を無視するわけにはいきません。この点に関しては、国際法の進歩的な要素を国内に導入できるよう、国際条約の実施法を国内法として制定する運動があります。

　現在多くの女性団体は、一方で家庭内暴力に関する法律の制定を要求しておりますし、他方、こうした女性に向けられる犯罪に対する新たな法律制定の要求を行っています。また、ICC規程のような証拠提出に関する新しい手続きの制定も要求しています。このような運動の視点からすれば、文化的な背景が違っているから国際法が適用できないという論理はもうすでに通じないわけです。国家は、国際法上の犯罪の定義および手続きのルールを国内法に反映させることが今や常識になっていますので、ICC規程のこうした条項は、今後、国内法にこれを反映させるという意味でも重要だと思います。

ICCの構成員にもジェンダーの視点を

　最後に、ICCの構造に関する問題について触れたいと思います。ジェンダーあるいは

性的犯罪では、起訴の際に証言が非常に重要だと申しました。この点、これを審理する側のICCの構成員にもやはりジェンダーの公平性が反映されるべきです。したがって、女性の検察官あるいは裁判官で、ジェンダーおよび性的暴力に関する事件に非常に慣れた経験と専門的な知識を持っている方を任命すべきだと思います。ジェンダーおよび性的犯罪は、ある意味で、非常に具体的で特殊な犯罪ですから、そうした専門家を配置しないかぎりは、ジェンダーに配慮した司法手続きを確保することも、あるいは被害者の証言を引き出すことすら難しいという立場です。

　ICCでは、18人の裁判官が予定されており、そのなかに女性の裁判官が任命されることも要求されています。しかし、女性が裁判官として任命されたからといって、必ずしもこれは男性中心的な判決が出ないという保証にはなりません。あるいは、ジェンダーに配慮された司法手続きが確保できるとはかぎりません。しかし、ルワンダの国際法廷では、証人が性的暴力について証言していたとき、女性の検察官がこれを支持し、重要性を認めたがために、性的犯罪をベースに起訴ができました。つまり、男性の検察官は、その証言の中にある性的犯罪に関わる部分にまったく気がつかなかったわけです。ですから、このICCの中でも、すべての職員が、裁判官や検察官を含めて、ジェンダーの視点あるいは女性の視点をしっかりと理解し、事件に対応することが要請されています。

性犯罪以外のジェンダー犯罪

　さて、補足的ですが、昨日、女性の割礼について、ICCは起訴できるかという質問がありました。これは非常に興味深い質問です。女性の割礼の問題のみならず、たとえば結婚しているのに夫によって強姦されるという問題もあります。また、名誉のために女性を殺すということもさまざまな地域で起きている犯罪です。家庭内暴力を含むこうした犯罪は、多くの文化圏あるいは多くの国において、依然横行しています。これらの犯罪を実際ICCが審理できるかどうかは検討されているところですが、ICCがこうした犯罪に管轄権を及ぼしうるかという問題は、今後のICCを考える出発点の1つになると思います。

　つまり、どうすればこうした犯罪がICCの管轄権内に含まれるようになるか、また、もしもICCの管轄権に関する要件を満たすのであれば、これらの犯罪の申立をするべきです。ICCでは、予審部というところで、申し立てられた事件がICCの管轄内にあるのかどうかを決定します。もう1つ、最近の大きな問題でいえば、人身売買はもしかしたらICCの管轄内にある犯罪かもしれません。人身売買は、奴隷罪としても定義で

きるという論理です。つまり、ある人間を所有するということ自体が奴隷罪という犯罪になるわけですが、人身売買は奴隷罪の構成要素の1つとして定義可能かもしれません。人身売買の主要な犠牲者は子どもと女性ですが、人身売買はある国からまったく別の国へ人が移動させられることで起きる国際犯罪ですから、さまざまな女性団体は人身売買がICCで告発できるかどうかということを現在検討しています。

　規程の中に人身売買は明文化されているわけではありませんが、人身売買の目的、たとえば売買春あるいは奴隷労働、子どもの売買など、その目的の如何にかかわらず、この犯罪の事実のみが重要になります。したがって、多くの女性団体は、人身売買についてICCが告発できるようになれば、たいへん勇気づけられることになります。

アフガニスタンの現地調査を通して

司会■ありがとうございました。では、前田さん、アフガニスタンの報告を含めてよろしくお願いします。

前田■今日は、ICCとNGOとの関係、とくに、私たちに何ができるかという問題を少し考えてみたいと思います。すでに皆さんの発言の中で、私たちができること、あるいはやらなくてはいけない課題はたくさん提起されています。それと重なる部分はなるべく避け、そうではない話をしたいと思いますので、アフガニスタンの話に事例を絞り込んでお話しさせていただきます。

　日本にも、先ほど来話が出ておりますCICCの支部として、JNICCというグループがあります。このグループにはCICCのメンバーとして、日本のNGOもたくさん集まっています。そして、アムネスティ・インターナショナル日本とか、日本弁護士連合会の後ろにくっつきながら、なんとか運動を盛り上げようと、市民集会を開催したり、日本政府に要望を出したり、また採択後は日本政府に批准の要請をしたり、批准できない理由を問い詰めたりしてきました。2002年7月1日には、ICC規程の発効を歓迎するということで国会内で記者会見を開いたりしてきたのですが、そういう活動の延長として、私もいろいろ考えることがあり、また取り組んできました。

　アフガニスタンに関しては、米国の戦争犯罪という問題を私たちが考えることがまず不可欠だということで、2002年3月、7月そして9月にパキスタン、アフガニスタンなどに行き、アフガニスタン難民の被害者とくに戦争被害者の方たちにインタビューをしてきました。まず、その一端を最初にご紹介させていただこうと思います。

アフガニスタンの現状

　最初に、ペシャワールの難民キャンプに行きました。ペシャワールというのはパキスタン西部の都市で、ここからトルカムの国境を越えて、その先がアフガニスタンのジャララバードという場所です。この周辺に、20年前からたくさんの難民キャンプができました。ソ連が侵攻したときに逃げてきた難民。あるいはムジャヒディン戦争と呼ばれる内戦のときに逃げてきた難民。さらにタリバンと北部同盟が戦闘を行ったために逃げてきた難民。そして昨年の暮れ以来、米国の空爆を避けて逃げてきた難民。いろいろな難民たちがいる場所です。

　その中の4つの難民キャンプをまわったのですが、ニューシャムシャトゥーという難民キャンプは、ペシャワール郊外の木もまったく生えない赤土の大地に土の家だけが繰り広げられている、それ以外何もないような場所でした。そういう場所に、私たちが行った日の前の日に逃げてきたばかりの難民の方、カブールから一家揃ってリュックサックを4つほど持ちながら5、6人の家族で逃げてきた方にお話を伺いました。また、コトカイキャンプという難民キャンプでは、ジャララバードでデイジーカッターやクラスター爆弾と呼ばれる新型爆弾が投下されたという話を聞いたとか、あるいは自分も見たという方たちのお話を伺ってきました。このときはアフガニスタンまでは行かなかったのですが、戦争によって大量の人々が難民とならざるをえない、そうした日頃私たちが忘れている、戦争が置き去りにしてしまう問題について考えさせられました。

　その後、9月の上旬には、カブールに行ってきました。アフガニスタンのジャララバードとカブールと、それからもう1つカラバーという都市で調査をしてきましたが、全部はお話しできないので、カブールのところだけお話しします。

　まず、サヒーブさんという男性にお会いしました。38歳のハザラ人の男性です。アフガニスタンにはパシュトゥ人やタジク人、その他多数の民族がいますが、ハザラ人はモンゴル系の人々で、日本人と顔がよく似ている人たちです。アフガニスタンの中では明らかに顔が違う少数派の人たちで、比較的差別を受けてきたといわれています。サヒーブさんは、カブールの北のベマルという山岳地帯に米軍の爆撃があって、息子さんと娘さん2人を亡くしました。その周囲には軍事基地はありません。タリバンの基地があったわけではありません。カブール近郊のなかでもとくに貧しい住宅街です。ハザラ人たちは差別されていましたので、非常に貧しい地域に住んでいる方が多いのですが、その地域にも爆弾が落とされて住民が亡くなっているのです。息子さんと娘さんのお墓にも連れていっていただいて、そのお墓の前でお話を伺ってきました。

　次にお会いしたアリファさんもやはりハザラ人です。33歳の女性で、お会いしたとき

は、日本風にいえば4畳半一間というような小さな部屋を借りて、子どもたち5人と一緒に住んでいました。彼女の家は爆弾の直撃によって完全崩壊しました。跡形もなく、土と石だけになってしまった。そのとき、彼女と彼女の子ども5人は外出中だったので助かりましたが、ご主人と彼女の子どもが1人、それから第1夫人――一夫多妻制の社会ですので、第1夫人がいまして、アリファさんが第2夫人の地位にあったわけです――、第1夫人の子ども5人の、全部で8人が亡くなりました。このベマル地区では、先ほどのサヒーブさんの子ども2人とアリファさんの家族8人の全部で10人が亡くなっています。先ほど述べましたように、軍事施設とは何の関係もない、最も貧しい民間住宅地に爆弾が投下されて、亡くなっているのです。

　アリファさんは、日本のテレビ局に取材されたことがあるらしく、もしかしたらご覧になった方がいらっしゃるかもしれませんが、生き延びた子どもたちを抱えて、1人でたいへんな苦労をしています。アフガニスタン社会は、男性中心的な、一言で言えば家父長制的な社会で、夫を亡くした女性の社会的地位はほとんど認められていません。そのため、それ以外の私たちの取材時には、すべて男性が出てきました。家族単位で行動しているので、必ず取材に出てくるのは一家の長である男性なのです。ところがアリファさんの場合には、ご主人が亡くなっていますから、ご自分が出てくるしかないわけです。そういう形で、私たちは初めて女性にインタビューすることができました。現在、アリファさんは、近所の人たちの支援、それから米国のNGOの支援を少し受けているので、かろうじて暮らしていくことができるそうです。しかし、先の見通しはまったくなく、途方にくれて立ちすくんでいるという状況でした。

　3人めがクラスター爆弾で怪我をしたイサヌラー君、9歳の男の子です。場所はカブールの西方にあるチャリカーンで、ダムと人工湖が造られていたのですが、大干ばつでほとんど水はなく、ダムの堤防だけが空しく残っていました。その近くの住宅地に住んでいたアマヌラーさんという男性の息子さんがイサヌラー君です。

　この地域では、小学校の隣にタリバンのポストがありました。日本でもしばしばタリバンの基地に爆弾を投下したと報道されていますが、米軍の発表ではタリバンの基地があったので攻撃したということになっています。皆さんは、たぶんタリバンの基地といわれると、横田基地とか、厚木基地とか、嘉手納基地といった基地を思い浮かべるかもしれませんが、まったく違います。米軍が爆弾を落としたといっているタリバンの基地は、一軒家です。住宅地の中の一軒家で、そこにタリバンの兵士が出入りしていたようです。兵士といっても、タリバンは軍事機構であると同時に行政機構でしたから、要するにタリバン政府の役人が出入りしている建物があり、それを爆撃したことになります。

つまり、この地域には、小学校の隣に一軒、タリバンのポストがあり、今もその建物の残骸は残っていますが、そこをめがけて米軍がクラスター爆弾を投下しました。クラスター爆弾というのは、ぶどうの房状の爆弾で、数は正確にはわかりませんが、200とか300のたくさんの小さな爆弾が周囲にまき散らされます。途中でばらばらになって地上に落ち、あるものは爆発し、あるものはそのまま地雷と化す、そういう爆弾です。

　爆撃後、小学生3人が学校の帰りに広場を通ったときに、変なものを見つけて、1人が拾いました。ほかの子が危ないと気づいたので、慌ててその子に放り投げさせたわけです。投げたところで、それが爆発をし、一番近くにいたイサヌラー君が大怪我をしたというものです。他の2人も負傷しましたが、とくにこのイサヌラー君の怪我がひどく、左脇、左胸脇、左脇腹、それから左足と右足の足首、親指の付け根などにまだ傷が残っていました。事件が起きたのは2002年10月のことですから、私たちが取材したときには11カ月めでしたが、まだ左足は包帯を巻いている状態でした。随分よくなったとは言っていましたが、彼の治療のために、お父さんはそれまで住んでいた家を売り払い、借金をして、さらに注目してくれたドイツのNGOの支援を受けて、治療を続けている状況でした。今は以前よりもずっと小さな家を借りて暮らしているのですが、その家も空爆で壊れた家です。自分で作り直したと言っていました。外の壁はちょっとしか壊れていなかったので直し、中の部屋は崩れていたので、部屋のなかった中庭に新たに部屋を作り、それまで部屋だった場所は取り崩して中庭にするという形で作り直したそうで、その様子が地面の跡を見ればはっきりわかるという状況でした。

　地雷ということでは、今でもまだ多くの場所で地雷処理作業が進められています。国連やさまざまなNGOが地雷処理作業を進めており、その現場をいくつも通りました。畑の中や道路にたくさんの石が並べて置いてあり、片方が赤く、もう片方が白く塗られています。白いほうは、地雷処理が済み歩いても大丈夫な地域で、赤いほうは入ってはいけない地域を指しています。そういう場所を私たちは何カ所も何カ所も通り抜けました。カブールの郊外、あるいは北のカラバーへ行く途中もそうでした。途中の路上には、たくさんの戦車が落ちています。「戦車が落ちている」という表現は変に聞こえるかもしれませんが、文字どおり落ちています、道路の脇に、畑の中に。正確にいえば、元畑であった場所に残骸となった戦車がたくさん落ちているといえるかもしれません。それはタリバンの戦車であったり、ムジャヒディンのラバニ派の戦車であったりしますが、何であれ、あちこちにたくさん戦車が落ちています。その戦車と地雷が放置された農地、これがアフガニスタンの現状を象徴しています。

私たち日本人の責任

　そういう状況をたくさん見ながら帰ってきたのですが、アフガニスタンの状況を私たちはどう考えていくのでしょうか。本当にカブールには何もありません。雪が積もっている風景とか、カブール川に水が満々と流れている昔の写真が残っていますが、今カブール川には水がありません。大干ばつのために水が流れていないということで、川底にたくさんお店が出ています。9月上旬は、カブールは海抜1800メートルですのでとても過ごしやすく、軽井沢を思い浮かべていただくといいような素晴らしい青空です。その抜けるような青空のカブールに本当に何もありません。水がありません。食糧が足りません。支援物資は入っていますが、まだまだ足りません。ただカブールはいいほうで、地方には支援物資もなかなか入らないという状況です。それから、電気がありません。また、一流ホテルでも、ホテル内電話しか通じません。外線にかけられないのです。そういう何もない、ない、ないの、ないものづくしです。もちろん平和もありませんし、安全もありません。人々の信頼もありません。希望は、まあ少しは出てきたかなというくらいですが、それでも子どもたちはいろんな夢を見ていると思います。

　そのことを痛感しながら、では私たち日本人は何をしたか、何をすべきかということを考えてきました。想像していただきたいのですが、あのアフガニスタンの抜けるような青空。その青空の上空から降ってくるものは、雪でも雨でもなく、爆弾です。ちょっとおまけに食糧支援なんかも投下していましたが、ほとんど意味のない支援です。空から爆弾が降ってくる。足元には戦車と地雷。そういう状況を作り出したのは誰なのか。国際社会がずっと見捨ててきたアフガニスタンの悲劇があり、そこに、米軍が最後の一撃を加えたと私たちは思っています。そして、その最後の一撃を支援したのが、日本軍・自衛隊という組織です。洋上給油という言葉が使われましたけれども、インド洋で飛んでいく爆撃機に洋上給油をして、爆弾投下の支援活動が行われました。この米軍の軍用機にそのどれだけのエネルギーを日本軍が洋上給油という形で提供したか、ご存知ですか。その40％は、実は日本軍・自衛隊が提供したのです。それによっていったいどれだけの人々が亡くなっていったのかをやはり考えざるをえません。私たちは、テレビの中で、アフガニスタンでの戦争を遠い彼方の他人の物語として見てきたわけですが、実はこれは私たちの物語だったわけです。残念ながら、私たちはアフガニスタンの人々を殺すことに加担させられてしまいましたし、少なくともこれを止めることができなかったのです。

　同じことが10年前の湾岸戦争のときにもありました。テレビゲームのような戦争とか、きれいな戦争とか、いろんなことがいわれましたけれども、あの40数日間の戦争で、

10万とも15万ともいわれる人々が亡くなりました。その後の経済制裁も含めて、イラクでは100万人が亡くなったと推定されています。あの湾岸戦争では、日本政府は130億ドルの大金を積んで、戦争をやってもらいました。自衛隊は行かなかったかもしれません。日本人は誰も殺さなかったかもしれません。しかし、あのときの戦費の60％を日本政府が拠出している意味は小さくありません。私たちはお金を出して、米軍にイラクの人々を殺してもらったという関係になってしまっているのです。多くの日本人にはもちろんそんなつもりはなかったわけですが、そういう現実に向き合わざるをえないわけです。そんなことは知らなかったという方もいらっしゃるかもしれませんが、ここにいる日本社会の構成員、私たちそれぞれが1人1万円払って、イラクの人々を殺してもらったわけです。残念ながら、そういう歴史的な事実があるわけです。

　今度また同じことをアフガニスタンでやろうとしています。お金を出すだけでは足りない、出かけていって「国際協力」をしなければいけないという政府の下に私たちはいるわけですが、この状況をやはり深刻な問題として考えたいと思います。これは、アフガニスタンの難民や、亡くなった人たちがかわいそうだという問題ではないのです。この問題は私たち政府や社会の問題です。この事実にどう向き合って、何をどうしたらいいのか。少しずつでも考え、取り組んでいかなければいけない、そういうふうに考えています。

民衆によるアフガニスタン戦犯法廷

　その一環として、私たちは、「アフガニスタン戦犯法廷」を開こうという運動を始めました。アフガニスタンにおける米国の戦争犯罪をきちんと調査し、検証し、そして国際法に照らして評価するという仕事です。国家も国際機関もやりませんから、私たちNGOが問題提起をして取り組んでいきたいと思っています。すでに「アフガニスタン戦犯法廷」の規程（statute）も作ってあります。それから、ブッシュに対する起訴状（indictment）も作りました。そして、以下の5つの項目で起訴することにしました。

　1つめは、侵略の罪です。今回の攻撃は、国連憲章にも違反し、アフガニスタンの人民の自決権を侵害しています。

　2つめは、人道に対する罪です。大量の難民を生み出すような爆撃を、それと知りながら、大規模に継続をしたという点での人道に対する罪です。

　3つめは、戦争犯罪としての民間人攻撃、あるいは民間施設に対する攻撃です。たとえばモスクであるとか、学校に対する、あるいは民間住宅に対する爆撃です。誤爆と称していますが、ご紹介したように、住宅地の真ん中にあるタリバンのポストに爆弾を

落としたのであって、あれは誤爆ではありません。必然的に周囲に被害が及ぶことをわかったうえでの爆撃でした。

4つめは、捕虜の虐殺です。マザリシャリフの近くにあるカライジャンギの収容所では、何百人という捕虜を虐殺したといわれています。それをきちんと検証する必要があります。

5つめは、捕虜の虐待です。つい先日、捕虜のうち一部がアフガニスタンに帰ったとのニュースをご覧になったと思います。この2月、3月頃には、キューバにある米軍のグアンタナモ基地にいる捕虜を捕虜として扱うのか、犯罪者として扱うのか、という点で米国政府がいろいろ弁解していたのもニュースで聞かれたと思います。しかし、米国政府の弁解を聞いても、やはり捕虜への待遇に国際法に対する違反があると考えざるをえません。このグアンタナモ基地から釈放された、アルカイダあるいはタリバンの兵士といわれる人たちを、テレビでご覧になったでしょうか。兵士に見えましたか。70歳過ぎの老人たち、村の長老たちですよ。アフガニスタン社会では、村の長老たちがタリバンの責任者になっていたために、その人たちが捕まったわけです。本人の申告だと100歳というような老人たちを何カ月もキューバの基地に収容していたわけで、これに問題がないとはいえないはずです。

米軍がアフガニスタンで戦時性暴力、組織的強姦をやったという証拠は今のところないので、そういう訴因は現在考えていません。しかしやはり、女性と子どもの被害は著しいといえると思います。人道に対する罪として申し上げた部分でも、民間人の被害、その被害の主たる犠牲者は女性と子どもです。あらゆる戦争といっていいかもしれませんが、そういう形で民間人の被害が生まれますし、まして、もともと女性の地位が充分認められていない社会ですから、悲劇はますます大きくなると考えています。

それから、戦争犯罪としての民間人攻撃の犠牲者も同様です。多数の女性や子どもたちが亡くなっています。先ほどご紹介したようにサヒーブさんの子どもは2人。アリファさんのところでは第1夫人とほかに2人の女の子が亡くなっています。アリファさんのご主人を除いて、私たちが調べた範囲では、亡くなったのはすべて女性と子どもです。そのことはやはりきちんと検証しておきたいと思います。

さらにもう1つ、基地と性暴力という問題にも触れておきたいと思います。これ自体をどういうふうに犯罪として追及できるかという問題は残るかもしれませんが、私たちはこれもやはり犯罪だと考えています。カブールの北にバグラムというところがあり、ここに米軍のバグラム基地が置かれています。今回はそこまで行けなかったので、現場を直接確認していませんが、カブールで聞いてきた話では、バグラム基地の周辺はい

わゆる買春宿でいっぱいになっているということです。タリバンの時代にはそういうものは公然と存在しませんでした。それがあっという間にバグラムはいわゆる買春宿の都市になってしまいました。米軍が入り、米軍基地ができたことの結果です。バグラムには、2002年の暮れから2003年の正月にかけて調査して来ることにしまして、つい昨日フライトの予約をしたところです。これはちゃんと調べてこようと思っています。基地と性暴力の問題では、沖縄にしても韓国にしても同じような問題があったわけですが、それがアフガニスタンにも持ち込まれてきているということを確認しておきたいと思います。

　こうした事実を前提に、そういう諸々の犯罪を裁くため、私たちは民衆法廷を考えています。しかし、日本でだけやっても効果が小さいので、米国の反戦運動グループに協力をお願いしています。「国際行動センター（International Action Center）」という米国のNGOがあります。湾岸戦争のときに、父親のブッシュ大統領の戦争犯罪を裁くという法廷を提唱し、実施したのがラムゼイ・クラークという米国の弁護士さんです。かつて米国の司法長官だった人ですが、このクラークさんが中心で活動しているこのNGOが、今はイラクに対する攻撃を止めるために全力を注いでいます。ただし、アフガニスタンの民衆法廷は、現在自分たちで開廷することが難しいと連絡が来ました。そこで、日本のグループが提唱して実施するので協力してくださいとお願いをしたところ、全面協力をするという返事が来ました。つまり、アフガニスタン民衆法廷は、日本で提唱して、実施します。もちろん、ニューヨークでも開廷して審理を行いたいと思っています。また、これは起こってほしくない話ですが、もしイラクについて残念な結果になった場合には、クラークさんたちが民衆法廷を提唱し、それに私たちが協力するということになっています。さらに、「グローバル・エクスチェンジ（Global Exchange）」というグループがあります。9・11の被害者の遺族をアフガニスタンに連れて行って、アフガニスタンの被害者に会わせ、交流し、和解を図り、逆にアフガニスタンの被害者をニューヨークに連れて行き、そこでも被害者同士の和解をめざす。そういう活動をしているグループです。このグループにも協力をお願いしました。

　そういう形で、日本の平和運動と米国の反戦運動とが協力しながら、国際社会で今現在起きている出来事をきちんと国際法で評価する。9・11以来、とくに国際法がずたずたになっていますので、国際法を復権する仕事をNGOが努力していきたい、私自身の言葉で言うと「NGOによる国際法の復権」を行いたいと考えています。逆の見方をすれば、国家が本来守るべき国際法を守らないときに、私たちに何ができるのかをつねに考えていく必要があります。国家だけではありません。国連という国際機関も

必ずしも国際法を守るとはかぎりません。国際平和の担い手と期待されている国連が、現実には戦争を始めてしまう、あるいは戦争にゴーサインを出してしまう現実もあります。なにも国連を全否定することではありませんが、国連の本来果たすべき役割を果たさせるよう努力するとともに、そうならないときには、やはりNGOの側で運動を立ち上げていくことが必要だろうと思っています。

ICCの時代にNGOは何をすべきか

　以上を踏まえて、最後に、ICCの時代に私たちに何ができるかの課題に移ります。ICCの意義や限界は、すでにさまざまな形で指摘されてきたので繰り返しません。私たちが考えているのは、ICCにさまざまな限界があるとしても、やはりNGOは、証拠収集や情報提供など、ICCが実効的な、効果的な国際機関として機能するよう協力をしていくということが第一に重要だということです。もちろんそれ以前に、日本の場合には日本政府にICC規程に加入するよう働きかけなければなりませんが。

　そして、もう１つは、ICCの限界をNGOが補うということです。ICCは2002年7月1日よりも以前に起きた事件を取り扱うことができません。また、米国、中国、ロシアなどいくつもの重要な国々が批准をしていません。そのためにこうした国々の犯罪を追及することには大きな困難があります。そういう限界を私たちNGOは取り上げていく必要があると思います。ICCが設立されても取り組めない部分については、民衆法廷だけではなく、国連の人権委員会などでも議論ができますので、そうしたいろんな場所でNGOがさまざまな努力を行わなければならないということです。

　こうしたNGOの役割をあらためて痛感したのは、アフガニスタンの子どもたちと出会ったときでした。そのとき、ちょうど10年前に私たちが取り組んでいた湾岸戦争に反対し、その戦争犯罪を裁く運動の中で使っていたスローガンを私はもう一度蘇らせようと思いました。そのときに私たちが掲げたのは、「殺さない権利」という非常に奇妙な日本語です。日本の平和運動は、ずっと「殺されない権利」を言ってきたという反省があったからです。もちろん戦後の平和運動は、たとえば教え子を再び戦場へ送るなというように、殺す立場にならないことをもちろん意識はしていたのですが、しかし、それよりはやはり被害者になった日本人、あの戦争で日本人は苦労をした、という物語ばかりが語られてきました。それではだめだろうと思います。すでに、日本は明らかに殺す側に回っているわけです。米国の後ろについて国際協力していれば、何も怖いものはないという論理です。桃太郎のおとぎ話そっくりですが、桃太郎は家来にきび団子をくれるのですが、日本政府は反対にきび団子を差し出して桃太郎の後ろにくっつい

ているという、非常に不思議な物語です。こうした構造をやはり変えていかなくてはいけないと痛感しています。

　ともかく、国際刑事裁判所を設立するという時代に至るまで、国際社会はニュルンベルク、東京の裁判から半世紀の歴史を費やしてきました。そして、長い間、ニュルンベルクの遺産を食い潰して、残念な冷戦時代を過ごしてきました。しかし、90年代の努力の結果、1998年に至って、ようやく新しい道を切り開くことになってきたわけです。その意味では、ニュルンベルクからハーグの国際刑事裁判所へ、国際社会はまぎれもなく着実に一歩前進してきたと思います。その前進を押しとどめようとしているのが、残念ながらいくつかの政府であって、その中に私たちの政府も含まれています。それをなんとか変えていかなくてはなりません。国際社会の前進をさらに促進するような運動を、力は弱いですけれども、私たちNGOの手で、いろんな場所でそれぞれができることをやりながら、頑張っていきたいと考えています。

司会■ありがとうございました。私も人権問題に取り組んできた人間として、ジェンダーの視点の重要性と同時に、国際法の普遍性という問題とNGOの役割について考えることがありました。人権の分野では、よく「政治的選択性（political selectivity）」という問題にぶつかります。たとえば、3年くらい前にハザラ人の方と国連の人権関係の委員会に出席した覚えがあります。パキスタンにある難民キャンプから来られた方でしたが、そのときはタリバン政権による人権侵害をまさに国際社会が見捨てた状態でした。では、なぜ今正義と民主主義を掲げて介入するのか。なぜ昔は介入しなかったのか、という問題です。そして、そうした政治的選択性や国際機関そのものの限界があるなかで、NGOがその矛盾や限界を補正し、補完しながら、人類の共生のための国際ルールを前進させなければならないという、たいへんだけれども重要な使命が存在するということです。そして、その具体的な視点の中に、ジェンダーという重要な視点があることをあらためて考えさせられました。

　ではお2人の報告を受けて、古沢さんとクレスさんにコメントをいただきたいと思います。

東ティモール支援の経験から

古沢■私は約20年ほど東ティモールという地域の紛争に関わってきました。この紛争は植民地からの独立に絡んで発生しました。東ティモールは16世紀からポルトガルに支配されてきましたが、1974年に本国の民主化を受けて独立運動が始まりました。し

かし、隣国のインドネシアが、独立の道筋をめぐる東ティモール内の対立に乗じて介入し、1975年暮れに全面侵攻を行って一方的に併合を宣言したのです。

東ティモールでは、外国の軍隊に踏み込まれ、占領され、その国の領土にされてしまうという事態となったため、多くの人々が抵抗運動を始めました。一方、占領する側はそういった抵抗運動を潰そうと躍起になり、その結果、1975年から1999年までたいへんな人権弾圧が全土で繰り広げられました。しかし、この東ティモールの問題もまた国際政治の表舞台では見捨てられた存在でした。今、司会者が触れたように、世界の紛争や人権問題はつねに大国の利害に左右されてきました。大国というのはものすごく身勝手で、自分の都合によって問題を取り上げたりしなかったりするのですが、そういう態度が問題の根本的解決の邪魔をします。東ティモールもそのひとつです。

東ティモールに侵攻したインドネシアは、当時の東南アジアの中で米国にとって非常にありがたい国でした。インドネシアは大国で、その領海には中東からの石油タンカーが通過する海峡がいくつもありますし、石油や天然ガス等の資源も豊富で、それになにより共産主義が大嫌いでした。スハルト政権が発足すると共産主義は非合法化され、共産党員は徹底的に粛正されました。1975年といえば、ベトナム、ラオス、カンボジアで親米勢力が敗北し、次々と共産主義政権が樹立されていったときです。インドネシアはそういう流れを食い止める防波堤と考えられていました。小さな、四国ぐらいの面積しかない東ティモールに踏み込んだのはそういう国でした。その後国連総会が何度非難決議を採択しても、インドネシアは無視を続け、結局インドネシアによる占領と人権の抑圧は1999年まで続きました。

米国は東ティモール侵攻後もインドネシアに対する軍事援助を続けました。日本は経済援助です。このように、政治的にも経済的にも関係の深い大国が結託してしまうと、和平の可能性は遠のきます。そういう意味では、私は無差別テロには絶対反対ですが、たとえばチェチェンの人権問題がロシアに対する気兼ねでどれほど隅に追いやられてきたのか理解する必要があります。このように現実の国際社会では大国のわがままが通ってしまうからこそ、中立的な国際司法の確立が不可欠なのだと思います。

犯罪を裁くことの必要性・重要性

次に、寺中さんが、日本ではあまりICCがはやらない、少なくとも昨年の9・11までは真剣に扱われなかったと言われたこと、また、前田さんが、私たち市民に何ができるのか絶えず考えなければいけないとおっしゃったことを受けて、このところ気になっていることに触れさせていただきます。それは、最近日本の社会の中で犯罪を裁くことに

関する認識のゆらぎが感じられることです。もちろん、戦後の日本では犯罪を裁く仕組みは一応整っていますし、私たちは日々その恩恵を受けているのですが、その重要性に対する認識はまだ根を張ってないのかもしれません。たとえば、最近の新聞では、紛争の過程で発生した人道に対する罪を明らかにし、裁くということより、対立した人々の間の「和解」を促進するほうが重要ではないかという論調が目立ちます。かつて敵対した人たちがどうやったら同じコミュニティの中で生きていけるのか、そういった分野にこそ創造性が求められているというのです。それで、たとえば、そういった人たちを一緒に参加させるようなプロジェクトをNGOが組織したりすると、簡単に持ち上げてしまうのです。私はこれはおかしいと思います。

　確かに、紛争の当事者たちが同じコミュニティで生きていくためのケアは必要です。しかし、だから「裁くこと」の意義が薄れるとは思いません。むしろ、罪を犯した者が裁かれ、償いが行われることは、ともに生きていくための最低条件ではないでしょうか。しかし、その最低条件は、たとえば戦争犯罪やジェンダー暴力を見るかぎり、国際社会でも、日本でも、未だに実現されてはいないのです。公正な裁きや償いがまだ全然達成できていないにもかかわらず、リベラルといわれる朝日新聞の社説までもが「和解プロジェクト」のほうに目移りしてしまうのは危険なことだと思います。

　とくに、被害者の立場からすると、犯罪がきちんと裁かれるということは非常に重要です。皆さんは、武力紛争の中で暴力を受けた人たちは必ずまわりから同情されると思われているかもしれません。しかし、事実はそうでもないのです。たとえば、ある人が敵対勢力に誘拐され拷問を受け、しかしなんとか生還できたとします。するとこの人には、「実際は誘拐ではなく寝返っただけではないか」、「スパイをするために帰ってきたのではないか」、「生きて帰ったということは味方の情報を敵に提供したのではないか」、「仲間を売って報酬を得たのではないか」といった疑いの目も向けられます。行方不明者の場合も同様です。女性の場合も同じですが、女性の場合は、帰還の途中で、疑いをかけられた味方の兵士からさらなる暴行を受けるという事件も発生します。また、性暴力の場合は、その社会の男性が重視する女性の純潔や貞操を傷つける効果があるため、生還した女性がもとの社会で「汚された者」「損なわれた者」として非難されることがあります。実に勝手な話ですが、多くの社会で男性は女性に一度性的な関係を強要すれば人格まで支配できると考える傾向があるようです。最も悲惨なケースは、レイプされた娘を恥じて、生還した娘を自ら殺害してしまった父親の例です。また自分の身を恥じて自殺してしまった女性の例です。

　ですから、被害者、とくに女性にとっては、こうした暴力を犯罪として訴えていくこと

は真相究明と名誉回復のプロセスでもあるわけです。自分の身にふりかかったことの犯罪性が証明されないかぎり、一方的な中傷に一人で応戦するしかありません。また被害者が犯罪を訴えることには別の意味もあります。それは自分に対する認識を変えることです。責める相手を間違えない、きちんと犯罪者を責めることによって、自分を責めて自殺に追い込むようなことを避けるのです。

　こうした意味で、犯罪がきちんと裁かれるということは、本当に重要です。それは加害者にとっても同じです。罪を認め、罪を償うことがなければ、報復される危険は増すでしょう。自分や家族を傷つけた人が隣人として生活することを受け入れることは決して容易なことではありません。受け入れる最低の条件は、罪を犯した人が罪を認め、なんらかの償いをすることだと多くの被害者が言います。それは、そこに暮らす人々が法とかルールというものを尊重することにもつながっていくと思います。

不処罰がもたらす犯罪の連鎖

　最後に、東ティモールの事例から、犯罪者を裁くというプロセスが動かなかったために、1999年の住民投票の後に何が起こったのか、お話しさせてください。1999年に国連が実施した住民投票では独立派が勝ったのですが、開票結果が発表されると、インドネシア軍とこれに支援された反独立派の民兵組織が、全土で、殺害、レイプ、放火、破壊、略奪を行ったことを皆さんご存知だと思います。彼らはその後インドネシア領の西ティモール（ティモール島の西半分）に逃げ込みました。しかし、あまり理解されてないのは、その際に、約25万人の東ティモール人を強制連行したということです。なかには自発的に避難した人たちもいましたが、ほとんどは強制連行でした。その当時、住民投票の監視員として現地にいた私や仲間たちは、インドネシア軍と反独立派民兵が支配する西ティモールの難民キャンプの状況をとても心配していました。

　1999年10月、帰国した私たちは当時の河野洋平外務大臣と会いました。西ティモールの難民キャンプから人々を早く東ティモールに帰還させるよう、日本政府はインドネシア政府を促してほしいと要請したのです。すでに東ティモールには安保理決議による多国籍軍が派遣されていました。しかし河野大臣は、私たちの要請に対して「今は西のほうが安全でしょう。東のほうでは食糧もなくてたいへんじゃないですか」と答えました。私たちは思わず同時に「大臣、それは違う」と叫んでしまいました。河野大臣のその発言は、当時の外務省の認識そのものでした。外務省は、25万の難民は自主的に西ティモールに避難した人々だと考えていました。1994年のルワンダで得た教訓は無駄だったようです。西ティモールの難民キャンプとは、政治的に敗北した反独立

派民兵組織が、ともに退去したインドネシア軍に守られ、25万の人々を盾に立てこもっている、しかもインドネシア領であるため多国籍軍の手が及ばない、きわめて閉鎖的な、だから危険な、いわばかつての東ティモールのような空間だったのです。

　そこで起こっていた犯罪の1つが女性の性奴隷化でした。強制連行された女性のなかには反独立派の民兵やインドネシア軍兵士にレイプされたり、民兵リーダーの「妻」にされた人がいます。なかには子どもを産まされ、または子どもを人質にとられて、東ティモールへ帰ることをあきらめてしまった人もいます。また、西ティモールの難民キャンプから1,000人以上の子どもが反独立派によってインドネシアの別の地域に連れて行かれ、帰還できないでいます。ジャワに連れて行かれた子どもたちはさまざまな宗教団体の寮に収容されたのですが、一番心配なのはイスラム教の施設にいる子どもたちです。これまで日本の連帯グループは、子どもたちの行方をトレースしているインドネシアのあるNGOを支援してきたのですが、そのNGOによると、彼らでさえもイスラムの施設の子どもにはまだ接触できないそうです。その子たちは改宗させられ、名前も変えられています。私たちは、これらの子どもたちが、洗脳され、親を憎み、祖国を憎み、そのことで彼らが傷つき、暴力的になることを危惧しています。そんな子どもをつくってはいけないと訴え続けて、すでに2年半が経過してしまいました。

　問題は、インドネシアの治安当局がこうした者たちを野放しにしてきたことです。民兵たちの暴力行為は住民投票の前もお咎めなしでした。一方、こういった犯罪は、すべてがこのICC規定の第7条の人道に対する罪のところで規定されています。今までICCのような独立した国際的司法機関がなかったことが、これらの国や個人を甘やかし、安心させてきたのではないかと思います。先ほどナイールさんが、いろいろな国の政府代表からこんな細かい規定は必要ないのではと言われたとおっしゃいましたが、私もそれは必要だと思います。規定が具体的であればあるほど恣意的な解釈の余地は狭まります。この第7条の細かさは、人類の犯罪認識の貴重な到達点だと思います。

司会■ジェンダーの視点に加えて、裁くことの意義、そして「和解」というキーワードも出てきたと思います。最近、カナダ大使館で開催された平和構築のシンポジウムに参加したのですが、国連事務次長や旧ユーゴで国連代表などを歴任された明石康さんも参加されていました。そのとき、明石さんが平和構築に関して言われたことを今でも覚えているのですが、裁きすぎると和解ができないとおっしゃったのです。忘れることが大切かもしれないともおっしゃいました。私に聞こえたニュアンスは、むしろ裁くことによって和解ができなくなるという考えを表明されたようでした。日本社会の発想なのか、国連上級官僚の発想なのかわかりませんが、ここで、逆にちゃんと裁くことによっ

て和解が促進されるという視点を具体的に言及されたことは、大切なポイントになるかと思います。

では、最後にクレスさんにコメントをお願いします。ドイツは、国内でナチスの戦犯を裁いた国でもあり、ご本人も、国連東ティモール暫定統治機構（UNTAET）で、戦争犯罪を裁く仕事に関わっていらっしゃいました。よろしくお願いします。

クレスさんからのコメント

ジェンダーの問題について

クレス■まず東ティモールの問題ですが、インドネシア側が占領したという状況の説明に関しては、まったく正しい状況認識だと思います。私も同じ結論に達しております。「占領」という定義は重要で、法的な意味も非常に大きく、これは人道に対する罪を裁くのみならず、戦争犯罪までをも訴追できるということを意味しています。

次に、ジェンダーの問題については、私はこの分野の専門家ではありませんので、個人的な感想などにとどめさせていただきたいと思います。これに関しましては、NGOがこの交渉のプロセスに参加することがいかに有益であり、重要であるかについてお話ししたいと思います。ナイナールさんもこの点について強調されていたわけですが、私がドイツ政府代表団の一員としてこの交渉のプロセスに参加し、関与したときには、私自身このジェンダーに考慮する必要があるという見方には必ずしも敏感ではありませんでした。しかし、その後、私たちの代表団は、非常に短期間でしたが、徹底的に、ジェンダーに関するNGOの要請を受け入れました。たとえば、女性コーカスとの徹底したディスカッションで、とくにナイナールさんと議論したわけですが、そのとき私は、あまりジェンダー問題に知識はなかったにもかかわらず、この論拠の力強さにたいへん感銘を受けました。犯罪に関して、ICC規程は、とくにジェンダーに対するさまざまな犯罪を認めているばかりでなく、その過程で、保守的な立場にある代表を含めて多くの政府代表に、ジェンダーに考慮することが重要だという視点で大きな影響力を及ぼしたといえると思います。

ただし、分野によっては、必ずしもジェンダーの観点がそれぞれに満足するよう反映されていないかもしれません。たとえば、ジェンダーの視点から要求されているさまざまな点について、必ずしも私は100％同感ではありません。犯罪の定義そのものについてではなく、手続きおよび証拠の規則の部分に同感できない部分が私にはあります。たとえば、極端に利害が相反する状況が当事者間に存在することがあります。性犯罪

では、乱用などに関しまして、当事者の利害背反を考慮します。もちろん、その事件が起こる前の被害者の性行動などをベースに無罪を主張することは、その女性被害者に対して不公平です。しかし、ICCの規程はICTYの規則よりも厳しくないにしても、性犯罪に関するルールからは、女性が同意したかどうかは、一定程度考慮しなければならないと思います。これは保守的な立場かもしれませんが、私自身は同意に基づいて行われた可能性についても否定できないという主張を持っています。ただし、いずれにしても、ICC規程において、ジェンダーに考慮した手続きをとることに関しましては、全体的に支持しております。

アフガニスタンに対する米国の罪について

アフガニスタンに関する報告には非常に感銘を受けましたが、その状況に関してはややネガティブな印象を持ちました。この問題は国際刑事法の管轄内に入る犯罪だと考えるべきかもしれませんが、ここで強調しておきたいことは、こうした状況下であっても、非常に厳しい法的要件を検討しなければならないということです。ICC規程の中核となる犯罪に該当するかどうかを判断するには、やはり厳しく法的要件の内容を慎重に検討したうえでの判断が不可欠であると考えます。

ジャパンタイムズの英語の記事を読ませていただきましたが、前田さんは米国の行動は安全保障理事会の承認を必要とすると主張されており、国連憲章第51条に違反すると書かれています。原則的には正しいかもしれませんが、9・11以降、自衛権をまったく否定できるでしょうか。個別および集団的自衛権についての安全保障理事会の決議について読みましたが、少なくとも初期の段階においての米国の軍事行動は自衛権を主張したわけですが、この自衛権の範囲内に入ることもあると思います。ただし、イラク攻撃が行われた場合には、アフガニスタンとの状況とは違って、テロ行為が継続的に行われたことに対する「先行的な自衛権」の論理は成り立ちませんから、これが基本的に自衛権の名によって行使される場合には、それは自動的に侵略罪の訴因となると思います。

それから民間人への攻撃ですが、感情的な立場を別にすれば、こうした状況のなかで、ICC要素に沿って、米国の攻撃が一般市民を意図的に攻撃目標としたかどうかを判断するところが難しいわけです。つまり、もし米国が、敵の一部がある場所に集結していることを信じ、攻撃したと主張するならば、検察官は米国側が意図的に市民を攻撃したことをさらに証明しなければなりません。私がこの点で申し上げたいのは、このような状況のなか、あるいは紛争下にあって、そして攻撃の標的のまわりに民間人が

存在するときに、ICC規程をどう適用するかを検討する必要があるということです。実は、これこそが米国がICCを恐れている理由だと思います。

　また、1つの事件を分析するとき、自衛権の範囲内に入るのかどうか、民間人の攻撃罪の範囲に入るのかどうかを審理する場合には、その判断において、非常に大きな責任が生じます。つまり、民衆法廷を開廷する場合にも、なるべく通常の裁判所と同等のレベルで証拠収集を行い、専門的な立場から審理をすべきです。その点からは、現在の米国の懸念を増長するような形での民衆法廷は行うべきではないと思います。なぜかといいますと、現在重要なことは、米国に対してICCをそれほど恐れるべきではないということを説得していかなければならないということだからです。今後ICCの実効性を高めるためには、米国の参加は不可欠で、その点を考慮していただきたいと思います。

司会■クレスさんからは厳しいコメントもありましたが、議論を深めていくためには重要なポイントだったと思います。では、会場からの質問に移らせていただきます。

質疑応答

ICCに対する法務省の対応

質問者■クレスさんもおっしゃったのですが、勉強会をしたら、外務省の役人も来て、非常に熱心であったという話です。よく勉強しているということでしたが、法務省の対応はどうでしょうか。私の個人的意見ですが、おそらく国内的には主管官庁は法務省じゃないかと思います、刑法や刑事訴訟法と関係するわけですから。その点、法務省の人間が出てこないかぎりは、実際には動かないのではないでしょうか。

寺中■法務省が大きな役割を果たすべきであるという指摘はそのとおりだと思います。外務省の中では条約局法規課が一生懸命やっているのですが、法務省では、刑事局の管轄になります。そして、刑事局でどういう視点からICCを扱っているのかといえば、漏れ聞くところだと、やはり犯罪の新設に慎重であると聞いています。他方、外務省の中にはいろんな意見があるようです。条約局、それから私たちがよく付き合う人権人道課は、割合うまく連携をとりながら議論を進めているかなという感じはします。しかし、実際にそれぞれの地域を担当している地域部局は、なかなかこのプロセスの中に入ってきません。たとえば欧州とは、犯罪人引渡しモデル条約の草案がまた別途議論されているなど、複雑にラインが交錯しています。ですから、今後とも調整が相当に必要なことは異論の余地がなく、条約局法規課にこの話をすると、自分たちは頑張っているん

ですが、という返事が返ってきます。やはり、官僚の縦の壁は厚いと実感しますし、おっしゃるとおり、法務省をどうやって巻き込むかは大きな課題といえます。

　さらに問題は、法務省、外務省などの官僚組織だけではありません。私と前田さんは同じ刑法学会に属しています。その刑法学会で、国際刑事裁判所の話はほとんど取り上げられたことがありません。前田さんが何回かワークショップをやってくださっているくらいです。少し前にも、この学会でICCに関するセッションがあったのですが、よくわかったのは、国際刑事裁判所を国内法の整備と絡めて、つまり刑法そのものや刑法のシステムを変えていくのだと、そういうリアリティをもってICCを捉えている学者自体がとても少ないことです。国際刑事裁判所、あるいは国際刑事司法に関するこれまでの論文の多くは、国際法の研究者から出されています。その意味では、学会においても国際法主導の観がありまして、外務省主導の日本政府と同じパターンです。その点、日本社会そのものを変えていかないと、国際刑事裁判所を真に実効性のあるものにすることは難しいのではないかなという気がしています。

ジェンダーに関する犯罪は何をどう裁くべきか

質問者■私個人はNGOで、ネパールとインドの間の人身売買（trafficking）の問題に関わっています。その興味で、ナイナールさんから、ICCが人身売買も視野に入れているということをお伺いして、非常に心強かったのですが、ただ実際の問題を見てきた者として感じるのは、あの膨大な事件の数々を18人の裁判官で具体的にどうやって裁くのかということです。ある意味で派手な戦争犯罪ではなく、たくさんの人間が絡み、膨大な件数の人権侵害が行われている人身売買のようなケースに、ICCがどのように具体的に関わっていくのか、具体的な例を挙げていただけると嬉しいです。

　あと、1点確認なのですが、たとえば、インドとネパールが両方とも批准していない状態で、被害者も犯人もインド人、ネパール人である場合には、ICCの管轄には入らないということなのでしょうか。

ナイナール■人身売買の問題は、女性団体がいろいろ議論はしていますが、まだICCで本格的に取り上げることが決まったわけではありません。つまり、ICCに取り上げてほしい問題、あるいはICCの裁判に持ち込むことが可能かもしれない問題がたくさんあり、その1つとして、女性団体がよく議論しているという段階です。

　私個人の考えでは、人身売買の問題を、国際刑事裁判所に、国から国に連鎖的に人が売買される人道に対する犯罪として、全体を1つのケースとして持ち込むことができるのではないかと思います。膨大な数の個別の人身売買以外にも、洪水のようにケー

スが持ち込まれれば、ICCが処理できないのではという懸念はもちろんあります。そこで、人身売買という1つのケースとして提訴するという案ですが、それは実際どうなるかは2003年に実務が始まるまで待たないとわかりません。

　それから、アジアにおける人身売買、とくにインド、ネパール間の問題のご指摘がありました。いずれもまだICC規程を批准しておらず、加盟しておりません。したがって、二国間だけ、あるいは南アジア全体でもこの問題を扱うことは、なかなか難しいのではないかと思います。現在、議論しているのは、この人身売買のチェーン、北は中央アジア、そして東アジア、西アジア、さらにはヨーロッパまでつながっているチェーンと考えれば、送出し国側から受入れ国、つまり最終的に女性が到着する国までを連鎖として捉えて、この連鎖の中にICCの加盟国もあるはずですから、ここから訴えるというのが女性団体の当面の考え方です。依然としていろいろな議論がありますし、いろいろな調整を関係団体、各国間でしなければなりません。取り組み始めたばかりですが、平時の犯罪、とくに女性を対象としたこういう犯罪を「人道に対する罪」としてICCに持ち込むことができるようになったことは意義深いと思います。

　それから、よろしければ、前田さんのご報告にコメントさせていただきたいのです。英語の記事を読ませていただきました。私のコメントは、ある攻撃の状況が合法か非合法かという法的判断はケース・バイ・ケースだと思います。ある行為が合法か非合法かは法的にテクニカルな問題です。攻撃の1つ1つが市民を狙ったもので、そのなかに軍事目標を狙ったものがあった場合、これはどう判断できるか。私の考えとしては、アフガニスタン攻撃に関しては、国家であるアフガニスタンに9・11に対する報復として攻撃をかけました。これは失策だったと思いますし、その点は特筆すべきです。これに関しては、現在、民事手続きを起こそうという話があり、先ほどの民衆法廷と同じような考え方で、民事的に裁こうという動きもあります。

　それから、女性に対する広範な問題は、必ずしも侵略とか宗教の問題と違って、人々が熱意を示されないというか、無視に近い状況であると思います。であればこそ、市民がイニシアティブをとって、女性が受けた問題に関しても裁くという行為が必要ではないでしょうか。タリバンという体制は何年も続きましたが、その間性的暴力という犯罪は減ったのです。劇的にです。それは女性たちも認めているところです。ところが、では女性に対して何をしていたかといえば、教育は与えない、行動の自由も移動の自由も許さないという政策でした。基本的な人権を宗教という名の下に剥奪したのです。これはもうジェンダーに対する差別行為、アパルトヘイトだといえます。しかし、この女性たちに対する現実に国際社会はなんら不満、憤りを示さなかったわけです。ところが、

空爆された途端に、アフガニスタンという国は突然注目されるようになりました。しかし、やはり、女性に対する犯罪で、タリバンの責任を問うという活動は少ないと思います。今日は、タリバンに対する犯罪、タリバンにだって権利があるという視点での議論も進んだように思います。そういう権利が存在しないというつもりはありませんが、女性に対するタリバンの犯罪はようやく認識されるようにはなりましたが、本気で考えている人はまだ少ないのではないかと思います。

国内における司法プロセスをどのように判断するか

質問者■最近、東ティモールの人権侵害事件を裁く特別法廷が一応インドネシアに設置されました。しかし、まともに機能していないことはほとんど明らかな状態です。これがひとつの参考になるのかなと思って見ているのですけども、ICCができたとしても、基本的には「補完性の原則」がありますから、最初は国内で裁くことになります。そして、この国内での司法プロセスがインドネシアのようにほとんど有効ではない場合、ICCがどのように機能するのでしょうか。

古沢■当事国が犯罪を裁こうとするとき、何を規準に「適切に裁かれた」と判断するのか、また、当事国に裁く能力があるかどうかの判断の規準は何なのかに関しては、クレスさんにお答えいただき、私は1999年に東ティモールで発生した人道に対する罪を裁くためインドネシアが設置した特別人権法廷の現状について補足しておきます。

　インドネシアに設置されたこの特別法廷は、2002年8月に最初の判決を出しました。この判決では、当時東ティモールの州知事だった東ティモール人が3年の刑を言い渡されたのに対し、当時東ティモールで警察長官だったインドネシア人とその他の地位の低いインドネシア人の軍人たちは無罪でした。一方、2001年1月に、国連人権委員会の調査チームの報告書とインドネシア国家人権委員会の調査チームの報告書が発表されているのですが、どちらの報告書も、インドネシア軍と警察は当時頻発した独立派に対するテロ行為に関与していたと結論しています。もちろん、この特別人権法廷については今後の展開を見る必要がありますが、やはり当事国が自国の体制側の人間を裁く場合、それも現在でも権力を握っている軍や警察の関係者が対象となる場合の難しさが端的に出ているのではないかと思います。

　質問者と同じように私もぜひお伺いしたいです。ICCが発効後このような事態に遭遇した場合、ICCはどのように対応するのでしょう。

クレス■ある意味で原則論ならば答えは簡単なのですが、具体論になると、答えにくいなかなかの難問だと思います。まず原則論としては、国内裁判所の審理が不適切な

場合、もちろんこれはローマ会議でも議論になったのですが、ICCが最後の拠り所であり、本当に訴追する意思がその国にあったかどうかはICCが最終的に決めるとなっています。しかし、それを判断する要件に関しては、その詳細は決まっていません。具体的な事例に対して結果をどう出すか、そうした条件ははっきり、そして細かいところまで決まってはいないのです。

　一応、この問題に関しては、ICC規程の第17条2項にある規定が参考になります。そこには3つの要件があります。国の判決の目的が当人を刑事責任から匿うためにされた場合、不当な手続上の遅れがあった場合、また当人を裁くという意図とその実際のプロセスが矛盾していた場合、つまり裁判が独立公平なプロセスであり、その進め方に当人を裁く正義や意図に関して矛盾がなかったかという条件です。これらの要件を使って、最終的に、本当にその国家が国内裁判所で訴追をする意思があったかどうかを判断することになっているのですが、実際には難しい問題です。もちろん客観的な規準があって、中立でなかった、独立でなかった、そういうことがすぐ判断できればいいのですが、実際にはボーダーライン・ケースがたくさんあると思います。たとえば、充分に事実認定のための調査を行ったか、あるいはそのケースの状況を充分に法的に分析したか、またその判断基準は適切なものであったか。一般的には、そうした規準でその国家の国内裁判の意思をチェックすることになります。しかし、これがどのように可能かに加えて、それを誰が立証するのかの立証責任もはっきりしていません。これはICCが積み残した課題の1つです。この点は、ICCが判例（case law）を蓄積していくまで待たざるをえないことだと思います。当初は、ICCは、この問題を比較的慎重に扱うことになるでしょう。圧力をかけて国家の主権領域に介入することは少ないと思います。「補完性の原則」はその意味でデリケートな問題で、とくにアジアの国々では、ICCにはこの「補完性の原則」があるからこそ批准可能だという意見が広く聞かれます。そういう意味でも、ICCは当初慎重にこの問題には対応するだろうと思います。

　ICCの手続きと証拠に関する規則の多くは米国のイニシアティブで作られました。その点からも、ICCは、ある国の国内裁判の一般的な司法慣行を検討することができます。ですから、第1件めから国内裁判を判断するのではなく、そのいろいろな判例の前提、経過を見て、その国の司法が機能していないという判断ができれば、10件め、11件めのケースを扱うときには、その国が国内裁判で持っていた意思というものを判断しやすくなると思います。

　それからもう1つ、手続上の課題なのですが、ICCとして、それでは実際に国内手続きを判断する手段として、構成要素を技術的に策定しなければいけません。NGOの

存在と役割が、ここで大きく期待されると思います。インドネシアの特別人権法廷の例ですが、私が判断の材料に使った情報は、NGOの報告から入手したものです。「ウォッチ・インドネシア（Watch Indonesia）」という団体がドイツにもあります。そこが細かい観察をしています。あらゆる裁判のステップをフォローして、詳細なリポートを作成してくれています。これは、今後ICCの判断材料となるあらゆる要素についてフォローしてくれていることになります。

古沢■今クレスさんが言われたように、裁判というものは、始まっただけでは安心できなくて、それがどのように進み、何を生むのかについて市民社会の個人やグループが監視していかなければならないのですね。お話にあったように、インドネシアの特別人権法廷の審理はいくつかのNGOによって逐一モニターされています。そしてその報告がインターネットで流れています。彼らは、さまざまな側面から、この法廷が公正な裁判の要件を満たしているかチェックしています。たとえば、対象犯罪の範囲、人道に対する罪を扱うことにおける判事の能力と中立性、証人の安全確保、どのような証人が召喚されているか、どのような証拠が起訴状で採用されているか、そして誰が何の罪で起訴されているかなどです。今回の法廷はすべてに問題がありますが、たとえば国連が収集した証拠が使われていない、国連職員や選挙監視員が証人として召喚されていないという点で検察側の及び腰は決定的です。このような裁判監視の知見をもとに、ユーゴやルワンダ型の国際法廷の設置を求める市民運動がつくられています。

司会■閉会を前に一言だけまとめたいと思います。ひとつの重要なキーワードは「ジャスティス」、つまり正義をどうやって実現するのかだと思います。正義を完全な形で実現することは本当に難しい作業だし、ひょっとしたらそんなことはありえないかもしれません。しかし、それだから正義は実現しないのだと私たちがあきらめてしまったときに、人類が求めてきた「誰でもが人間らしく生きることができる社会」の実現という目標そのものを放棄してしまうことになるとあらためて確信しました。その意味で、力によって正義を絶対的に確立するんだという時代風潮のなかで、正義を公正という視点からよりよい形で実現するために、ICCというひとつの可能性があります。その実現に向かって、いろんな分野で頑張っていらっしゃる方を今回はお招きして、お話を聞く会を設定しました。今回の参加者は、抽象的な話よりも、具体的な目標を持って1つ1つよりよい社会を作る方向での話を、企画者の意図に沿って充分にしていただきました。単なるシンポジウムを超えて、ICCのよりよい実現に向けてひとつの具体的なステップになれたのではないかと思っています。ありがとうございました。

国際刑事裁判所の設立と弁護士の役割

東澤 靖

ICC規程の発効と締約国会合

　ICC規程は、2002年7月1日に発効した。

　1998年7月にICC規程が採択された後、国連総会で設置された準備委員会は、発効に向けてICCのさまざまな文書を検討してきた。発効後は8名の専門家推進チームが置かれ、人材、財政、建物および設備管理、情報技術、法律事項、安全管理など実務的な課題について検討を開始した。そのうえで、2002年9月に締約国会合の第1会期が開催され、この会期は2003年の2月と4月にも継続して開催された。また、締約国会合は、2003年の9月に第2会期を開催している。

　これらの締約国会合を通じて、ICCの主要な構成員が選任された。まず、裁判官として18名が締約国会合で選出され、裁判所所長にカナダ出身のフィリッペ・キルシュ氏が就任した[*1]。続いて締約国会合は、検察官としてアルゼンチン出身のルイス・モレノ・オカンポ氏を、捜査担当副検察官としてベルギー出身のセルジュ・ブラメルツ氏を選出した。裁判所運営を担当する書記局を統括する書記局長には、フランス出身のブルーノ・カターラ氏が、裁判官会議によって選出された。

　また、締約国会合は、準備委員会が準備してきた、「手続きおよび証拠に関する規則」、「対象犯罪の要素」などの基本的な文書を採択した[*2]。採択された文書のなかには、ICCやそこで活動する者がその活動のゆえに各国での責任を問われることがないようにするための「ICCの免責特権に関する協定」があり、各国による署名も開始された。ICC規程において、定義されるに至らなかった「侵略の罪」（第5条2項）については、準備委員会が行ってきた作業を継続することとした[*3]。また、被害者やその家族のための基金も設立された[*4]。

　このようにICCは、ICC規程発効後、オランダのハーグでその活動を開始すべく、約1年の間にその組織的概要を整えるに至った。

　オカンポ検察官の記者発表によれば[*5]、ICCは、2002年7月から2003年7月8日ま

での間に、66カ国にわたる個人やNGOから、499件の通報を受けた。そのなかには、ICCが取り扱うことのできない事件も多く含まれている*6。しかしそのなかでも、コンゴ民主共和国のイトゥリの事件が最も緊急性を要すると考えて、検討を始めたとのことである。この事件は、2002年7月から2003年初めまで民族間の抗争や政権をめぐる武力抗争によって、約5000人の民間人が殺害されたが、2003年6月に暫定政権が樹立された後は、自ら訴追を行う余力はないため、国際社会の援助を求めている状態だという。

このようにICCは、具体的な事件に取り組む体制を確立しつつある。

ICCにおける弁護士の地位と問題点

弁護士の役割とICC規程

ICCの活動開始に向けた整備が着実に進む一方で、問題となるのがICCで活動する弁護士の地位と役割である。ICCにおいて弁護士は、被疑者や被告人の弁護、そして犯罪被害者の代理という職務を担うことになる*7。ICCの裁判が裁判官の前で検察対弁護という対審構造で行われることを考えれば当然のことであるが、弁護士は弁護人としてだけではなくICCにおける被害者の代理人としても、重要な役割を担うことになる。

ところが、ICC規程においては、ICCで活動する弁護士の資格、地位、権限について充分な規定を置いていない。それらについてICC規程に存在するのは免責特権に関する規定であるが、弁護士に与えられるのは、鑑定人や証人と同等の「裁判所の職務に必要な扱い」にすぎない（第48条4項）。裁判官、検察官、副検察官あるいは書記局長の場合には、外交使節の長と同等の免責特権が与えられる（同条2項）ことに比較すれば、弁護士の地位ははるかに弱いものでしかない。検察側の捜査に対して弁護を行うためには、犯罪発生国などに赴いての調査活動が必要であるが、その活動の安全すら保証されていない。また、裁判官や検察官の職務の独立は明文で保障されているものの（第40条1項、第42条1項）、弁護士の職務の独立を定めた規定はない。さらには、ICCでの裁判の運営について、弁護士が個人としてあるいは集団として、どのように関わることができるのかも不明であった。

ICC付属文書における弁護士の規定

以上のような問題は、その後に採択された付属文書によって、いくらかの前進を見

た。

　「手続きおよび証拠に関する規則」においては、ICCで活動する弁護士について、以下のような事項が含まれた。

　①弁護人の資格要件——弁護人については、刑事法か国際法と手続きに対する能力、そしてICC使用言語に対する能力が要求される（規則22）。

　②専門家行為規範——ICCは、検察官との相談や締約国会合の採択を経て、弁護士のための専門家行為規範を制定する（規則8）。その実務を行う書記局長は、事前に「独立の弁護士代表組織や弁護士協会と協議するもの」とされている（規則20の3項）。

　③法的援助——ICC規程は資力のない被疑者や被告人に裁判所の費用で弁護人を付することを保障しているが（第55条2項(c)、第67条1項(d)）、書記局長は、弁護人候補者のリストを作成し（規則21の2項）、法的扶助の実施のために「独立の弁護士代表組織や弁護士協会と協議する」（規則20の3項）。

　④弁護士の訓練——書記局長は弁護士の専門化や訓練を推進するが、その際には、「国内の刑事弁護団体や弁護士会、または独立の弁護士代表組織や弁護士協会」と協力する（規則20の1項f）。

　また、弁護士の免責特権についても、「ICCの免責特権に関する協定」は、「弁護士および弁護人を補助する者」に関する免責特権を、証人、被害者、専門家とは区別して、その詳細を定めている。それによれば、「弁護士および弁護人を補助する者」は、独立性をもってその職務を遂行するのに必要とされるかぎり、逮捕・勾留・押収や職務に関する法的手続きから免責され、文書の保持や送受、出入国や外国人登録、私物の検査、通貨や両替、国際危機における帰還などにおいて特権を与えられる（第18条）。

弁護士の職務をめぐる問題点

　このように、ICC規程ではほとんど考慮されていなかった弁護士は、その後のより実務的な文書を採択していく過程で、その地位や権限が一定程度保障され、また、ICCの運営における弁護士の参加が予定されるようになった。

　しかしながら、実際の裁判は、被告人の有罪無罪や有責性をめぐって検察側と弁護側との対立関係のなかで進んでいくことは、一般の国内刑事裁判と本質的に異なるところはない。また、効率的かつ低コストの裁判運営を進めたい裁判所側と、被告人や依頼者の権利や利益を最大限に実現しようとする弁護士とは、しばしば緊張関係

に立つことがある。それを打開するために裁判所側が強権的な措置をとる場合に、弁護士の独立すら危うくなることがあることは、残念ながら旧ユーゴスラビア国際刑事法廷 (ICTY) やルワンダ国際刑事法廷 (ICTR) において経験されてきたことである。

　たとえば、ICTRにおいてジェノサイドなどの訴追を受けていたアカエヤス被告人は、1998年、ICTRの弁護士リストに掲載されていたカナダの弁護士を選任しようとしたところ、書記局長によって拒否された。書記局長が後に文書で回答したところによると、その措置は、「書記局長は、現時点でリストに照らして過剰に代表されている、カナダとフランスの弁護士を割り当てることはできない」という理由によるものであった。この拒否は、被告人の自由な弁護人選任権や弁護士に対する国籍差別との関連での問題を引き起こした[8]。この問題は、1999年秋に書記局長がそのような措置を停止することにより収束した。

　そのほかにも、ICTYやICTRで被告人の弁護を経験してきた弁護士からは、国際刑事裁判におけるさまざまな問題が提起されてきた。判例が少なく、また、一様ではない法文化出身の裁判官の下での判断や手続きの予測が困難であること。証人が死亡していたり、難民キャンプに紛れ込んだりしていて特定が困難であること。証拠や裁判記録の翻訳が正確ではないこと。証人が裁判ごとに仮名を用いるため、以前の証言との対比が困難であること。事件ごとに予算や費やすべき時間の上限が設定されているため、充分な準備ができないこと。

　また、ICTYやICTRでは、弁護人に対する懲戒の基準は裁判所が設け、裁判所が適用してきた。そのようなもとで、弁護人は、弁護士倫理上の問題にも直面する。たとえば、法廷そのものの正当性を否定する被告人が自らのみならず弁護人に出廷拒否を要求する場合に、弁護人はどう行動すべきなのか。ある弁護士は、念のため自らが所属する弁護士会に問い合わせ、まずは依頼人の指示に従った行動をとらねばならないとの回答に従った。これに対してICTRは、その弁護士の報酬請求権を剥奪するといった懲戒をもって応えてきた。

　このような事態は、ICTYやICTRにおいて、弁護士が、法廷の運営について制度的・組織的に関与することができないことからもたらされている面も大きい。

　しかし、このような問題は、国際人権基準の中で保障されている、被告人の公正な裁判を受ける権利、防御の準備のための充分な時間および便益を与えられる権利、弁護人の選任権と必要に応じ無料の弁護を受ける権利などに関わるものである[9]。そして、これらの権利は、ICC規程においても保障されている[10]。

国際的な弁護士組織の関与

国際刑事弁護士会の設立

　以上に述べたようなICC規程の構造、ならびにICTYやICTRでの経験を踏まえて、ICCで活動する弁護士を支えるための国際的な弁護士組織を持とうとする動きが出てきた。

　その最も端的な試みが、国際刑事弁護士会（International Criminal Bar: ICB）の設立である*11。ICBは、各国の弁護士会、刑事弁護や被害者の救済を行う国際的な弁護士組織、そしてICTYやICTRで実務を担当してきた弁護士などにより、その設立の準備が進められた。2001年12月にパリ弁護士会が主催したパリ会議に端を発し、わずか半年後の2002年6月には、カナダのモントリオールに68の国際的、地域的および国家的弁護士会と弁護士協会の代表、そして個人の法律実務家、非政府組織の代表を含む、ヨーロッパ、アフリカ、南北米国およびアジアの48カ国からの約350名が参加して、ICBの設立を決議した。

　設立までの過程は決して容易なものではなく、ICBの役割と性格については激しい議論が交わされてきた。そうした議論の一端を紹介すれば、ICBはICCで活動する弁護士の強制加盟団体をめざすのか、ICBは各国の弁護士会の連合体かそれともICCで活動する個人の弁護士を主体とする組織か、ICBは被疑者・被告人の弁護を担当する弁護士のための団体かそれとも被害者の代理人弁護士をも含む団体か、といった問題である。

　このような根源的な議論が交わされていたにもかかわらず、わずか半年余の討論で設立に至った背景には、そこに参加した弁護士たちの共通の思いがあったからである。それは、ICCの最初の締約国会合が開催されるまでに、世界の弁護士がまとまった1つの組織と声を持たなければ、ICCは弁護士たちの意見を無視して進められてしまうという危機感であった。

　最終的に、ICBは、任意団体としてICCで活動する弁護士を援助する組織と位置づけられ、会員は、各国・地域の弁護士会や任意の弁護士団体などの団体会員、弁護士の個人会員、そして非弁護士団体の賛助会員から構成されることになった*12。また、ICBの目的は、刑事弁護人に限らず被害者の代理人をも含むICCで活動するすべての弁護士の利益を代表することとなった*13。

　2003年3月にベルリンで開催された第1回総会は、42カ国から413名が参加し、ICB憲章の採択、実際にICBを運営する理事会や執行委員会の選出を終えた*14。それ

らの運営体制を整備するうえで考慮されたのは、弁護士会の独立と並んで、「法制度の多様性と世界の地理的分野を反映させる」ことであった[*15]。

日本からは、日本弁護士連合会がパリ会議からICBの設立に関わって設立後には加入し、現在、筆者が日本の弁護士会代表として理事（アジア連絡責任者）を務めている。

ICBについては、2003年9月の締約国会合第2会期において、ICBを協力弁護士団体として認知することが議題とされた。しかし、討議の結果、なお全世界の弁護士を代表する組織として適格かどうかについてコンセンサスが得られなかったために、決議には至らなかった[*16]。

ICCの書記局長の作業への弁護士会の関与

すでに見たように、ICCの書記局長は、「手続きおよび証拠に関する規則」に基づき、専門家行為規範の起草、法的援助そして弁護士の訓練において、弁護士団体と協議をすべきものとされている。

この点で、書記局長は、暫定的に共通サービス・ディレクターに任命されていた2003年1月から、専門家行為規範と法的援助について弁護士団体の意見を募ってきた。その結果、専門家行為規範については、国際法曹協会（IBA）とICBから草案が提出された。また、同年9月には25カ国の60名の専門家に、専門家行為規範と法的援助に関するアンケートを実施した[*17]。さらに書記局は、同年10月ICBを含む弁護士団体やNGOの参加のもとに、ハーグにおいて「弁護問題に関するセミナー」を開催した。

このようにICCにおいては、従来の国際刑事法廷とは異なり、弁護や被害者代理をめぐる問題について、積極的に弁護士団体やNGOとの協議が持たれてきている。しかしその作業は、世界各地域の多様な法文化の反映、ICCを運営する側の関心と依頼者の利益を優先する弁護や被害者代理との矛盾など、容易には解決しがたい問題を含んでいる。専門家行為規範あるいは弁護士倫理をめぐる問題についても、依頼者に対する守秘義務はどのような場合に解除されるのか、依頼者の勧誘はどの程度許されるのか、などといった具体的な問題において、コモンロー地域や大陸法地域のいずれの実践を優先させるのかなど、容易に解決しがたい法文化の対立がある。ここにイスラム法文化や混合の法文化を加えれば、混迷の度合いは強まる。しかし、このような多様な法文化が交流され、検討され、そして困難な課題を克服していく過程で、真に普遍的な裁判手続きや弁護士倫理が形成されていくことも疑いない。

そのような多様な法文化を踏まえて、依頼者の権利と弁護士の独立を実現していく

ためには、やはり国際的な弁護士会が、弁護士の声を1つにまとめていくことは不可欠である。

　ICCは、戦争の世紀といわれた20世紀に対する大いなる自省の末に、国際社会が21世紀に向けて手にした可能性だ。その可能性は、理想を語るだけでなくその理想を現実のものとするための、多くの人々の共同作業、ICCの関係者だけではなくすべての市民社会の努力にかかっている。その1つとして、以上に述べたような世界の弁護士会や弁護士の取組みが始まっている。

*1　地域構成、任期構成、ジェンダー構成。
*2　採択された基本文書は、Rules of Procedure and Evidence, Elements of Crimes, Rules of Procedure of the Assembly of States Parties, Agreement on the Privileges and Immunities of the International Criminal Court, Basic Principles governing a headquarters agreement to be negotiated between the Court and the host country, Draft Relationship Agreement between the Court and the United Nations.
*3　ICC-ASP/1/Res.1 Continuity of work in respect of the crime of aggression.
*4　ICC-ASP/1/Res.6 Establishment of a fund for the benefit of victims of crimes within the jurisdiction of the Court, and of the families of such victims.
*5　2003年7月16日記者発表（No.:pids.009.2003-EN）。
*6　規程発効前の事件である、事物管轄権が及ばない、まだ犯罪の定義が存在しない侵略の罪に関するものである、非締約国における犯罪など。
*7　たとえば、被害者のための賠償命令に先立つ意見陳述（第75条3項）、賠償命令に対する上訴（第82条4項）においては、被害者代理人の弁護士の関与が予定されている。
*8　ICDAA Petition and Appeal Brief, June, 1999.
*9　市民的及び政治的権利に関する国際規約第14条など。
*10　捜査中における人の権利（第55条）、被告人の権利（第67条）。また、ICC規程は、補充的に「国際法の原理および規範」や「国際的に承認された規範および基準」の適用を認めている（第21条1項）。
*11　ICBについては、http://www.bpi-icb.org/を参照。
*12　ICB憲章第5条。
*13　ICBの一般原則は次のようなものである（ICB憲章第3条1項）。
　　a. 国際刑事裁判所（裁判所）における被告人と被害者のための弁護士の役割と独立を、向上させ、防御する。
　　b. 弁護士選択の自由の原則を向上させる。
　　c. 裁判所における弁護士の業務を促進する。
　　d. 裁判所の諸機関と弁護士との間の効果的な交流を向上させる。
　　e. 裁判所での弁護士の知識と技能の獲得を向上させる。
　　f. 裁判所での弁護士の行動を規定することに参加する。
　　g. 各国、各地域および国際的な弁護士団体の機能、権利および責務に関して補完性の原則を向上させる努力をする。
　　h. 武器の対等を達成する努力をする。

- *14 理事会は、各国の弁護士会を代表する理事21名（アフリカ5名、アメリカ大陸5名、アジア5名、オセアニア1名、ヨーロッパ5名）、任意弁護士団体を代表する理事7名、個人会員を代表する理事7名、賛助団体会員を代表する理事7名の総勢42名からなる。執行委員会は、理事会で選出された7名で構成され、2名が共同代表となっている。賛助団体として理事を出している団体は、ICC連合（CICC）、アラブ人権機構（AOHR）、人権法律家委員会（LCHR）、国際人権連盟（IFHR）、REDRESS、Gerddes Afrique、平和と正義の文化（CPJ）などである。
- *15 ICB憲章第3条2項。
- *16 締約国会合第2会期の公式レポート（ICC-ASP/2/10）第I部12項。なお、同じ会期ではICCNGO連合について、その「調整的および促進的役割の認知」という決議が採択された（ICC-ASP/2/Res.8）。
- *17 同上レポートの付属文書III。なお、日本弁護士連合会もこれに応えて書記局長に回答を送っている。

国際刑事裁判所設置に向けた
NGOの取組み

寺中 誠

　国際刑事裁判所（ICC）設置への取組みは、1993年に開催されたウィーン世界人権会議で採択された「ウィーン宣言および行動綱領」にすでに記されている。宣言中に盛り込まれた、「国際法委員会に対し、国際刑事裁判所に関する作業を継続するよう要請する」という短い文の中に、その後、5年で実際に制定されることになるICC規程の萌芽と、それに向けたNGOの活動の端緒が見てとれる。

　国際法上にいう最悪の犯罪とは、現実面では、大規模な人権侵害、そしてその被害者の声として現れてくる。集団殺戮、強制的失踪や拷問といった深刻な人権侵害が組織的に行われた場合、その実行者や命令者が適切な裁きにかけられることは少ない。むしろ、追及する側が、脅迫や新たな人権侵害の標的となる危険のほうが高いこともしばしばである。その結果、人権侵害を実行した側が処罰されずに放置され、さらなる人権侵害が繰り返されるという悪循環が起きる。

　こうした悪循環を断ち、人権侵害に終止符を打つには、国内の枠を超え、国際的な仕組みを考える必要がある。そのために国際刑事裁判所の設置が望まれたわけだが、結局さまざまな政治的な思惑のなかで、その努力は長らく頓挫していた。そして1990年に国際法委員会に対し、国連総会が検討を指示するまで、事実上凍結されたままだったのである。

ICC設置までのNGOの活動

　国際刑事裁判所の設置の検討が再開されたものの、当初、それが実現するという見込みは薄かった。しかし、人権侵害によって被害を被った当事者たちの声、そして人権の国際基準に実効性を持たせようとする人権NGOなどの動きが、90年代の初頭に活発化してくる。それが統一的な動きとなり始めたのが、ウィーン世界人権会議の

場である。旧ユーゴでの人権侵害を裁くための臨時国際刑事法廷の必要性が叫ばれ、世界人権会議直前の国連総会で採択されたことも大きな後押しとなった。世界的な人権NGOである国際法律家委員会（ICJ）が常設の国際刑事裁判所の設置を提言し、アムネスティ・インターナショナルらも同調した。そして、そうしたNGOによる常設国際刑事裁判所のワークショップが現地で開催され、人権NGOの総意として、常設の国際刑事裁判所の設置が提案されたのである。

　このとき、同時に人権NGOが強く推し、会議に提案されたのが、国連の人権機構を整理統合し、より実効性のある機関とするという国連人権高等弁務官職の設置案である。とくにアムネスティ・インターナショナルは、この人権高等弁務官職についての詳細な構想を発表し、ウィーン宣言でも強い設置勧告として採用された。そして、1994年に実際に初代高等弁務官が就任することで、この構想は具体化することになる。常設国際刑事裁判所の設置提案は、人権NGOの間では、この人権高等弁務官職の設置とセットで主張されていた。

　常設の国際刑事裁判所設置の動きに慎重な動きを見せていた各国は、既存の国連の人権保障システムの整理統合のほうに優先順位を置いていた。その鍵となる人権高等弁務官の設置が先行したことで、常設の国際刑事裁判所を設置しようとする動きは加速した。旧ユーゴとともにルワンダ特別国際刑事法廷が1994年に設置されたことも追い風となった。このような国際レベルでの動きに合わせ、これまでそれぞれ独自に活動を進めていた人権NGOは、1995年2月10日、ニューヨークで、「国際刑事裁判所設置のためのNGO連合（CICC）」を設立した。各NGOの連合体としてこのCICCが設立されることで、NGOの側からの国際刑事裁判所設置に向けた動きはさらにまとまることになる。

　CICC自体は、現在2000を超える各国の団体が参加する緩やかなネットワークとなっている。その主なメンバーには、アムネスティやヒューマン・ライツ・ウォッチ、国際人権連盟などの国際的な人権NGOをはじめ、女性の権利のために活動する団体、子どもの権利や平和、人道支援などについて活動する団体、被害者団体、宗教団体など、国際、各国内とを問わず、世界中のNGOが参加している。CICCやその構成団体は、こうした多くのNGOの声を背景に、各準備会合や委員会などで活発なロビイングを行っている。

　ICC規程が協議され採択された1998年のローマ外交会議では、CICCとその構成団体が、とくにイタリアの現地NGOと連携し、世界規模でのアクションを繰り広げた。ローマ会議の様子は逐一世界中に報道され、一方で、現地での実際の字句作成にも、

直接、間接にNGOが関与した。そうしたなかで、国際条約としては詳細を極めたともいえる、ICC規程が採択されたのである。

この成立のスピードは、CICCをはじめとするNGOによる強力なキャンペーンだけが理由とも思えないが、予想されていたよりも速かった。そして、その後、次々と署名国、批准国が得られたのである。署名期限が迫る1998年末、アムネスティのピエール・サネ事務総長が来日し、日本政府にICC規程への署名を迫ったが、日本政府はそれまでの準備会合で肯定的な発言を続けていたにもかかわらず、国内法が整備されていないとして、最終的に署名はしなかった。一方で、やがて国際刑事裁判所に対して強い反対の態度をとることになる米国は、署名期限ぎりぎりに署名し、ICC規程とのつながりをかろうじて保ったのである。

ICC設置から現在までのNGOの活動

ICC規程が採択されてから、CICCを中心に、各NGOは大々的な批准促進キャンペーンを繰り広げた。とくにアムネスティ・インターナショナルは、CICCと連携し、各国政府に批准促進を訴えるとともに、国際刑事司法に関する各論点について専門的な解釈論を示し、各国政府からの反駁に備えた。その頃、すでに米国が、その後の強い反対の意思を示しつつあったためである。

ICC規程はその後、順調に批准国を増やし、2002年7月1日に発効した。CICCはこうした情報を細かに追い、つねに情報を発信し続けている。また、未加入の国に対して現在も働きかけを続けている。さらに締約国に対しては、必要な国内法整備に関して働きかけている。また一般社会の中での国際刑事裁判諸制度の認知度を上げるための活動を行っている。そして、実際に裁判所が機能するための市民社会としての基礎を提供しようとしているのである。

しかし、ICC規程が知られるにつれ、逆に各国政府の軋轢もまた明らかになりつつある。CICCやアムネスティなどが現在関心を抱いている事項には、次のようなものがある。

2002年7月に安全保障理事会が採択した安全保障理事会決議1422は、国連の平和維持活動に従事する人々について、国際刑事裁判所の訴追対象から外すというものである。これは、国際的な刑事司法の効果を弱める結果を招くものであり、もともと米国が自国の兵士の訴追を免れさせようとして提案したものである。この決議自体の文言は、ICC規程第16条と似ているが、事案ごとの検討を必要とする同条に比べ、平

和維持活動の従事者であれば包括的にICC規程の適用を除外する点で、その問題性はきわめて高い。そのため、安全保障理事会に対しても、CICCやアムネスティをはじめとして世界各国の人権NGOは、この決議を採択しないよう強く働きかけたが、最終的には採択された。1年間という期限付きだが、翌年も更新されている。現在、NGOの側からは、これ以上の更新を止めるよう、安全保障理事会各国に働きかけている。

　米国が各国に批准を呼びかけている二国間協定の問題もある。ICC規程第98条2項を根拠に、二国間で免責協定を結び、米軍関係者を引き渡さないとする内容のものである。問題となっている第98条2項は、本来は国内司法機関による裁きを優先させる趣旨だが、米国はこれを曲解して、自国の兵士の免責特権の根拠として利用しようとしている。国によっては米軍による軍事協力を引き換え条件につけるなど、米国の強硬な態度が見てとれる。すでにある程度の国がこの協定を結ぶことに同意し、批准した国もある。CICCやアムネスティは、こうした米国との二国間協定を結ばないよう、各国政府に個別に要請を行うとともに、こうした条約の批准状況を逐一監視している。

　このように米国絡みの問題が多いが、それでも米国を国際刑事司法の場に参加させることには意味がある。とくに国際刑事司法の実効性を担保するうえで、米国を含め、できるだけ多くの国が参加することは必須である。現在もまだ、日本をはじめ、国内法整備が進んでいないという理由などで批准や加入をしていない国が多数ある。そうした国々に対しては、CICCやアムネスティその他の人権団体は、国内法整備マニュアルの提供や専門家研修会の開催などを続けており、そうした支援を通じて早期加入を働きかけている。アジア地域では、タイのバンコクに本拠を置くフォーラム・アジアというNGOが毎年専門家研修会を開催しているほか、各地でセミナーなどが行われている。こうした場には、国の専門家とともにNGOの専門家も参加し、対等に情報を交換しつつ、各国の早期加入やすでに締約国となっている国々については、その実効性の確保に向けた努力を続けている。

　2002年9月、締約国会議で「国際刑事裁判所の特権免除に関する協定」が採択された。これは、国際刑事裁判所の職員に特権免除を与えるものであり、国際的に捜査・調査活動にあたる職員の自由と安全を保障するために必要な措置である。裁判所の機能に実効性を与えるこうした動きを促進するべく、NGOは各国にこの協定の署名、批准を呼びかけている。とくにアムネスティは、ICC規程の締約国となることとは別に、国際刑事司法の実効性を確保するための重要な協定であると位置づけ、締約国となる以前であっても、この協定に参加するよう呼びかけている。

NGOの今後の課題

　こうしたNGOの活動は主に、国際刑事裁判所とICC規程の実効性の促進、広報、政府や会議への働きかけに重きが置かれている。2003年の締約国会議が、CICCを公式なNGOネットワークとして認知したことも、その点が重視されたものである。その一方で、人権侵害の被害者や、個々の人権侵害事件に取り組む側からは、具体的に国際刑事裁判所を利用していこうとする動きもすでに出てきている。ただ、国際刑事裁判所側の訴追体制は、検察官が就任し、訴追方針が2003年9月に出されたばかりであり、まだ具体的にどの程度まで活動を展開できるかは未知数である。そのためもあって、個々の事件の訴追に向けた個々のNGOの枠を超えたネットワーク的な取組みというものは、現段階ではまだ見られない。

　国際刑事司法の発展のうえで大きな意味を持つ国際刑事裁判所だが、これが実効性のある機関になることができるかどうかは、今後の国際社会全体の協力、市民社会の参加の可能性などの要素と合わせて考えることが不可欠である。

　国際刑事裁判所の設置とその実効性を確保するためにNGOが集ったのがCICCだとすれば、これからの段階に取り組むためには、国際刑事司法を取り巻く諸状況それぞれに対応して、国際的にNGOの連携が必要となってくる。ウィーン会議から10年を経た今、国際刑事裁判所はようやくその場を得て、動き始めようとしている。それを人々が望む方向に向けて支えるためにも、市民社会全体の関心が求められているのである。

《参考文献》
- 世界人権会議NGO連絡会編『NGOが創る世界の人権——ウィーン宣言の使い方』(明石書店、1996年)
- アムネスティ・インターナショナル日本国際人権法チーム編『入門国際刑事裁判所——紛争下の暴力をどう裁くのか』(現代人文社、2002年)

民衆法廷の思想と実践
アフガニスタン国際戦犯民衆法廷

前田 朗

はじめに

　国際刑事裁判所（ICC）の発足は、国際法の発展にとって画期的な事件であり、国際刑事法の地図を大きく塗り替えるものとなった。国際人権法や国際人道法にとってもすでに大きな進展をもたらしているが、今後も大きく影響を及ぼすであろう[*1]。

　しかし、国際的に重大な戦争犯罪や人道に対する罪を訴追し、裁くという関心からすれば、ICCには大きな限界があることも周知のことである[*2]。第1に、ICC規程は遡及処罰の禁止を明示しているので、2002年7月1日以前に行われた犯罪を訴追することができない。第2に、ICCには補完性の原則があり、一次的には各国国内裁判所による裁きを追求することになっている。第3に、ICCの管轄権は、基本的にはICCを批准した国にしか及ばない。批准していない国が、その国籍者についてICCの管轄権を受諾する手続きがあるが、これはごくごく例外的な規定であろう。

　日本はICC規程を署名も批准もしていないが、それ以上に重要なのは、米国がいったん署名したものの、ブッシュ政権が署名を撤回し、ICCを骨抜きにする試みを続けていることと、中国もまた批准していないことである。米国や中国が背を向けているかぎり、ICCの実効性には疑問が残り続けることになる。

　ただ、ICCの実務が弱小国家の軍人等による戦争犯罪を裁くことからしか始められないことが、ICCの将来にとってマイナス要因とばかりはいえず、むしろICCがいきなり巨大な権限を行使しないことのほうが、長期的にはプラスの結果となるとの意見もありうる。国際社会にとって新しい試みであるICCは、それなりの試行錯誤を続けるしかないと考えたほうがいいともいえる。

　そうした状況であれば、ICCの発足は、戦争犯罪や人道に対する罪に対して充分な投網となるものではなく、むしろ大きな空白が残されたままであるといったほうがよいであろう。戦争犯罪や人道に対する罪を訴追するための挑戦として期待されたベル

ギーの国際人道法違反処罰法も、米国の圧力によって修正されてしまい、普遍的管轄権から後退してしまった*3。その意味では、国際社会は、戦争犯罪や人道に対する罪を訴追し、裁くための国際システムの構築の端緒についたばかりといわざるをえない。そうであれば、まだまだ民衆法廷の試みが続けられなければならないだろう。

　本稿は、国際刑事裁判所の時代にもかかわらず、国際社会が未だに裁くことのできない戦争犯罪や人道に対する罪を「裁く」ための試みとしての民衆法廷に焦点を当てる*4。第1に、民衆法廷とは何かを、その歴史的系譜を明らかにすることで確認する。第2に、筆者が現在関わっているアフガニスタン国際戦犯民衆法廷（ICTA）の経験を素材に民衆法廷の現在を測定する。ICTAは、現地調査を出発点として法廷運動を展開したので、まず現地調査の様子を紹介する。次に、ICTAの基本活動としての公聴会の意義と内容を検討する。そして、ICTA法廷の構成とその第1回公判を紹介する。第3に、ICTAの経験をもとに民衆法廷の限界と可能性を明らかにする。そして、最後にイラク国際戦犯民衆法廷に向けた動きを紹介する。

民衆法廷とは何か

　第二次大戦における重大深刻な人権侵害に対して、連合国は、ナチス・ドイツの犯罪をニュルンベルク裁判（IMT、国際軍事裁判）で裁き、日本軍国主義の犯罪を東京裁判（IMTFE、極東国際軍事裁判）で裁いた。国連は「ニュルンベルク原則」を採択した。平和に対する罪、戦争犯罪、人道に対する罪は人類社会に対する罪であり、国際社会が団結して対処するべき犯罪であるとされた。

　ところが、冷戦の対立のために「ニュルンベルク原則」は凍結状態となった。それどころか、朝鮮戦争においては「国連軍」が化学兵器を投下したり、民間人を虐殺するなどの戦争犯罪を敢行した。そして、ベトナム戦争、中東戦争、「湾岸戦争」と、国際法上の正当化根拠のない戦争が強行され、数々の戦争犯罪や人道に対する罪が犯されたが、国際社会は対処できなかった。

　ベトナム戦争への挑戦は、哲学者バートランド・ラッセルと物理学者アインシュタインの提唱による「国際戦争犯罪法廷」であった。「ラッセル・アインシュタイン法廷（あるいは「ラッセル法廷」）と略称される*5。国家の権威や実力装置に頼らずに、NGOの力を結集して事実を調査し、民衆法廷を開くアイデアがここに始まる。

　その後、湾岸戦争に際して米国元司法長官ラムゼー・クラークが提唱した「クラーク法廷」*6、アジアとアフリカの女性NGOが続けてきた「世界女性法廷」*7、日本の市民

運動が担った日本の戦争犯罪を裁く「アジア民衆法廷」[*8]、日本の女性たちが提案しアジアや世界の女性たちの総力を結集した日本軍性奴隷制を裁く「女性国際戦犯法廷」[*9]、朝鮮戦争における「国連軍(米国軍)」の戦争犯罪を裁く「コリア戦犯法廷」[*10]などが続いた。

　もっとも、冷戦が終わった90年代には、国際社会もニュルンベルクと東京の遺産を蘇らせ、旧ユーゴスラビアにおける「民族浄化」を裁くICTYが93年に作られ、ルワンダにおけるツチ・ジェノサイドを裁くためのICTRが95年に作られた。そして、98年7月、ローマ会議において、戦争犯罪を裁く史上初の常設裁判所を設置するためのICC規程が採択され、2003年、ついにICCが発足した。

　国連などの国際機関が戦争犯罪を適切に裁くことのできない空白の時期に、ラッセル法廷などの民衆法廷が登場した。つまり、"権力法廷"の不在に対する挑戦として"民衆法廷"が登場したといえる。

　ここで"権力法廷"とは、各国国内裁判所と、国際司法裁判所や国際刑事裁判所などの国際裁判所の双方を含んだ概念である。国内権力法廷と国際権力法廷とが存在するが、いずれも今日最も重大深刻な戦争犯罪を裁こうとしない。

　こうした"権力法廷"のサボタージュに対して、"民衆法廷"は、戦争犯罪を告発し、隠蔽を阻止し、証拠を収集し、適用されるべき法の適用を宣言し、事実を記録に残す。"権力法廷"に対して、本来なすべき仕事をするように迫る。

　だが、民衆法廷は空白を埋めるためだけに開かれたわけではないから、ICTY、ICTR、ICC登場の後にも、民衆法廷は開かれ続けているし、これからも開かれるであろう。

　民衆法廷のモデルを提供したラッセル法廷は、複合的な法廷であった。ラッセルが66年6月に発した「米国の良心へのアピール」は法廷の計画を示している。このメッセージを受けた南北ベトナムでは調査委員会の活動が本格化し、66年11月、ロンドンで「国際法廷設立会議」が開かれ、ラッセルを名誉裁判長、ジャン・ポール・サルトルを執行裁判長とし、ドイッチャー、ボーヴォワール、デディエ、森川金寿ら約20名による「法廷」が発足した。

　第1回法廷は、67年5月にストックホルムで開かれた。9日間にわたる被害報告や法律論の討議を受けて、判決は米国が国際法に違反してベトナムに対する侵略行為を犯し、純然たる民間施設(学校、ダム、病院等)に爆撃を加える戦争犯罪を犯したことを全員一致で認めた。

　第2回法廷は、67年11月から12月にかけてコペンハーゲンで開かれた。違法な兵

器、捕虜民間人の虐待、ジェノサイドの罪が取り上げられた。元米兵3人が証言台に立ち、衝撃を与えた。日本政府の共犯性についても有罪判決が出た。

　ラッセル法廷は知識人主導の法廷運動として、国際連帯の輪を広げ、民衆法廷の力を世界に示した。その後の民衆法廷もラッセル法廷をひとつの範例として、これに学びながら、それぞれの法廷作りの工夫を重ねていった。

アフガニスタン国際戦犯民衆法廷

民衆法廷の構想

　2002年2月17日の東京・星陵会館集会を契機に、「アフガニスタンに対する米国の戦争犯罪を裁く民衆法廷」の呼びかけが始められた。

　同年10月5日に東京、6日に大阪でアフガニスタン戦犯法廷キャンペーン集会を開催して、現地報告を行うとともに、「アフガニスタン国際戦犯民衆法廷規程・草案」と「ブッシュに対する起訴状・草案」を作成し、法廷の構想を提案した[*11]。

　第1に、アフガニスタン国際戦犯民衆法廷（ICTA）は、民衆が主体となって呼びかけ、開催する民衆の法廷運動である。法律家の協力なしには到底実現できないが、実行委員会は平和運動グループからのボランティアで構成している。

　第2に、ICTAは、日本の反戦平和運動の一環である。自衛隊の給油という「参戦」を阻止しえなかった日本の平和運動の責任として法廷を開催する。

　第3に、ICTAは、日本から発信してアジアや米国の平和運動と連帯していく。「アフガニスタン女性革命協会（RAWA）」がICTA共同代表となった[*12]。米国の反戦運動団体「国際行動センター（IAC）」、米国とアフガニスタンの和解とアフガニスタンの被害者の支援をしている「グローバル・エクスチェンジ（GE）」からも協力を得ている。

　そして、2002年12月から「連続公聴会」を開催してきた。そのための「公聴会ガイドライン」も公表している。

　ICTA法廷運動は、民衆主体の戦争被害調査活動、出版物やインターネット上の関連資料収集、NGOやジャーナリストの発掘、1年間にわたる全国各地での公聴会、公聴会へのアジア各国からの参加、米国からの参加、アフガニスタン現地からの証人の出廷、各種報告会、講演会、写真展、ビデオ上映会など、多彩な試みを繰り広げてきた。

　それでは「民衆法廷」の根拠はどこに求められるか。いかなる根拠があるのであろうか。

　国家の裁判所が裁判をすることができるのは、主権に基礎を置く憲法の下に刑法

や刑事訴訟法や裁判所構成法という法律があって、それに基づいているからである。日本では日本国憲法の国民主権が根拠である。

　そうした根拠のない民衆法廷は、民衆自身の名において行う以外に手はない。国家という組織、あるいは国際機関という組織による法廷ではないから、民衆の名においてやるしかない。その根拠はあらかじめ与えられてはいない。ICTA規程第1条がこの法廷が裁判を行うとしているのは、「国際法廷の権限」を私たち自ら創設したという宣言である[*13]。

　また、私たちはアフガニスタンの被害者を勝手に代弁したり、代行することはできない。被害者を代弁・代行するわけではなく、ICTAは、私たち自身の責任において私たち自身の任務として実現しなければならない。

　日本政府は、米英軍のアフガニスタン空爆のために給油という「後方支援」を行った。日本が提供した燃料はアフガニスタン空爆の40％に達すると報道されている。日本社会構成員の税金を使って、アフガニスタンに空爆がなされ、人々が死んでいった。私たちは自らの意思に反して「殺す」側に立たされているのである。自衛隊の「参戦」を阻止することができなかった日本社会構成員の責任として、ICTAに取り組むことが必要である。被害者の側に立ち、被害者の苦難と悲劇に思いをはせる必要があるが、私たちが被害者を代弁することはできない。

民衆法廷のモデル

　民衆法廷の訴追形式については3つのモデルで考えることができる。

　ラッセル法廷は、通常の裁判所の構成を意識した「訴訟モデル」を採用した。湾岸戦争のクラーク法廷は、一言でいえば「シンポジウム・モデル」を採用している。アジア民衆法廷は長期間にわたる市民運動、戦後補償運動という形で「運動モデル」で進められた。

　訴訟モデル、シンポジウム・モデル、運動モデル——どの法廷もこの3つの要素を持っているが、ラッセル法廷はとくに訴訟モデルという性格が強く、アジア民衆法廷はとくに運動モデルとしての性格が強いといえる。

　ICTAもこの3つを念頭に置き、バランスを図りつつ、とくに運動モデルでやっていきたい。

　ラッセル法廷は、当時の国際社会を代表する知識人たちが提唱し、集まって実現した法廷である。そういう法廷ももちろん重要であり、歴史的に意義がある。ただ、ICTAは、むしろ一般の民衆が自分たちで作り上げていく、そういう運動として始めた。

ICTA規程第18条は、NGOが法廷に協力することを明示している。また、同第20条は、経費をNGOが負担するとしている。
　ICTAの事物管轄、つまりこの法廷が裁くことができる犯罪は、侵略の罪、戦争犯罪、人道に対する罪である（ICTA規程第2条、第3条、第4条）。
　次に、裁判所の構成であるが、当然のことながら検事と判事が必要となる（ICTA規程第8条）。民衆法廷といっても法律家の協力を求める必要がある。判決では、現在の国際法の水準に従って、一定の理論的水準のある法理論に基づく必要があるから、とくに法律家の協力を求めなければならない（ICTA規程第10条）。
　事実を調べ証拠を提出することは、法律家でなくても、ジャーナリストやNGOの調査でできることであるから、民衆が作り上げていけばいいといえよう（ICTA規程第18条）。
　裁判は公判という形で進行する。ICTA公判は2003年7月に第1回を開き、12月に第2・第3回を開催した。
　公判とは別に、ICTA運動は後述のように連続公聴会方式を採用した。証拠の収集と分析のためである。
　現在のアフガニスタンは、戦争被害調査をするには最悪の状況である。カルザイ政権は事実上は米国の傀儡政権にすぎず、戦争被害の調査など一切行わない。民間人が米軍に殺されても抗議も調査もせず、被害者に補償もしない。むしろ、調査を妨害している。カブールは米軍と国連治安支援部隊（ISAF）が軍事的に支配している。
　その意味では現地調査にも困難があるが、断片的な情報を積み重ねるだけでも相当の民間人虐殺があったことが判明する。たとえば、米国ではマーク・ヘロルド（ニューハンプシャー大学教授）が被害者の推定数は3,700人という数字を出している。ICTAは8次に及ぶ現地の被害調査を行った。
　法廷の構成や証拠規則については、民衆法廷の歴史上初めて、「手続き証拠規則」を作成することにした（ICTA規程第12条）。実際に判事団が「ICTA手続き証拠規則」を採択した[*14]。
　人証については、取材した難民やアフガニスタンの人たちのインタビューの記録ということになる。被害者やその遺族を法廷に招聘して証人になってもらった。証人の地位や安全を保護することことができなければ難しいが、さらに追求するべきである（ICTA規程第15条）。
　判決は、通常の裁判と同じように事実認定と法律論の二本柱からなる（ICTA規程第16条）。事実認定は証拠方法で出された証拠を確認して文章で整理する。それを踏

まえた法律論は法律家が構成することになる。

　判決では被告人の有罪・無罪を判断するが、民衆法廷としてはそれだけでは足りない。ICTAは、国家が国際法を守らず、国際機関も国際法を守らないために、民衆がNGOとして監視する法廷運動である。したがって、判決に加えて、国家や国際機関に、本来なすべき努力をさせる運動を展開する必要がある。その意味で法廷は「勧告」を出す（ICTA規程第17条）。

戦争被害調査

　ICTA運動の基本活動として現地での戦争被害調査がある。米国の戦争犯罪の事実を調査し、記録し、国際法に照らして評価しなければならない[*15]。ICTAは8次にわたる調査団を派遣した。

　2002年3月、第1次調査団がパキスタンの4つのアフガニスタン難民キャンプを訪問し、難民取材を行った。

　同年7月、第2次調査団を組織して、イスラマバードとペシャワルで第1次調査のフォローアップを行った。

　第3次調査団は8月30日から9月11日に実施され、アフガニスタンのカブールで調査した。カブールはまさに"歴史の廃墟"であった。米国による空爆の被害者3人に取材した。1人は、息子と娘を亡くしたハザラ人のサヒーブ・ダードさん。もう1人は、夫、第1夫人とその子、および自分の子どもも亡くし、今は5人の子どもたちと極貧に耐えているアリファさん。最後は、クラスター爆弾の破片で怪我をしたイサヌラーくんとその父親だ。

　また、カブールの北にあるカラバーという町で、第1次調査のフォローアップを行った。米国の爆撃でモスクとその周辺が破壊され、60人の住民が亡くなり、元タリバンの施設を国連が医療センターとして利用しているという3月の証言が間違いないことを確認した。新たにこの地域の住民の避難状況も取材できた。タジク人は徒歩でパンシール渓谷へ逃げ込み、パシュトゥ人は徒歩でカブールへ逃げ、さらに車でパキスタンへ逃げて難民になっている。カラバーに帰ってきたのは初夏になってからだ。みんなで協力して家とモスクの再建中であった。

　第4次調査団は、12月30日から2003年1月10日にかけてカブール周辺で調査を行った。タジク人居住地域のカリカナ在住のグル・マカイさんは、空爆開始直後に自宅に爆弾が落ちた。壁と屋根が崩落し、20歳の息子が死亡した。その部屋は一部を修復しているが、壁はなくなったままである。夫、2人の娘、小さな息子と暮らしている

が、貧しいうえ、長男を亡くしたショックで精神的なトラブルを抱えている。同じ敷地に住んでいるハニファさんも、母親が死亡し、本人は左目に傷を負った。カブール空港の近くのワジル・アバドに暮らすハザラ人のアブロム・フサインさんは、耳が聞こえない。空爆で家に直撃を受け、妻のグル・チェチュラさんが亡くなったという。

　第5次調査団は2003年3月、ヒンズークシ山脈を越えて、アフガニスタン北部のクンドゥズとマザリシャリフで空爆の被害者に取材した。2001年のラマダンの2週め、カナバード市南西の住宅地に投下された爆弾で、3軒の家が全壊した。ラーマトラーさんの2人の妻と4人の子ども、アブデル・ハミドさんの妻と4人の子どもなど、全部で22人が亡くなった。15軒の家しかない小さな農村アーハンガランでは、2軒の家とモスクが直撃を受け、一度に18人が亡くなった。そのうち16人は1つの家族で、生き残ったのは8歳の少女アメナちゃんと父親だけである。カナバードから徒歩で1時間のデ・ワイロン村にも米軍はクラスター爆弾を投下した。11歳の少女シミーンちゃんが左手に怪我をし、10歳の少年ラシード君は失明した。9人の村人が亡くなったという。モフテ・ハシム村にも爆撃があり、サレ・ドラさんの妻、5人の娘、1人の息子、母親の8人が亡くなった。クンドゥズの東のはずれの寒村ナワバド・チョーガでは、ビビ・アイシャさんの家族5人、ナイム・カーンの母親、エスマイルさんの全家族など11人が亡くなった。

　マザリシャリフ南東の住宅街では、近くに爆弾が落ちて両足を失ったカイル・モハマドさんや地上戦の流れ弾で息子を殺されたワリ・モハマドさんを取材した。さらに、南西の住宅地ショータクザーでローナさんの話を伺った。息子のムニル・アーマドさんはバスの運転手をしていて、ポル・エモン・モクリの路上を走行中に米軍に爆撃され、30人の乗客とともに亡くなった。急を聞いて現場に駆けつけた父親もショック死してしまったという。

　第6次調査団は、2003年4月末、RAWAの受入れにより、イスラマバードで公聴会を準備するとともに、ペシャワル周辺の難民キャンプで取材を行った。ただし、イスラマバード公聴会は後述のように中止となった。

　調査団は、ペシャワル郊外のRAWA経営の孤児院シタラ・オルファナージェ、RAWA経営の学校（男子学校がマウラナ・ジャーミー・ハイスクール、女子学校がザルグーナ・ハイスクール）、ペシャワル南東のケワ難民キャンプを訪問した

　第7次調査団は、8月末から9月上旬にかけて行われ、クンドゥズでの再調査に加えて、バーミヤンを訪問した。さらに、カブールで被害地の確認を続けた。

　第8次調査団は、10月中旬に行われ、カブールで新たな被害者に取材し、赤十字国際委員会の倉庫などの「誤爆」状況を確認したり、米軍によってキューバのグアンタ

ナモ基地に拘禁されて釈放された民間人にも取材を行った。

公聴会

　2002年12月15日、東京・新宿で「ICTA・第1回公聴会」を開催した*16。開会を告げたのは、米国元司法長官のラムゼー・クラーク（IAC、弁護士）のビデオ・メッセージである。かつて、湾岸戦争における父親ブッシュ米大統領の戦争犯罪を裁く民間法廷を開催したラムゼー・クラークは、息子ブッシュ大統領のイラク戦争反対運動の先頭に立ってきた。そのラムゼー・クラークを特別顧問に迎えたICTAは、2001年10月7日に始まり、今なお「続いている」アフガニスタンにおける米英軍による攻撃・空爆を取り上げて、これを戦争犯罪として裁くことを目標に出発した。被告人はジョージ・ブッシュ米大統領である。

　第1回公聴会で、ゲーリー・ウィルソン（IAC代表）が、90年代米国の反戦平和運動を紹介して、クラーク法廷は「正義を求める運動にとって終わりではなく、むしろ始まりだったのです」と総括した。クラーク法廷はイラクに対する戦争犯罪やNATOによるユーゴ爆撃などの違法性を徹底解明して、世界の反戦平和運動に伝えてきたのである。ウィルソンは、アフガニスタン攻撃において米軍はクラスター爆弾、デイジー・カッター、バンカーバスターなどの非人道的な大量破壊兵器を使用しただけではなく、600トンもの劣化ウラン弾を使用したという。

　伊藤成彦（中央大学名誉教授）は9・11で世界が変わったのではなく、グローバリゼーションと呼ばれる現代史が9・11を生み出したと指摘し、ブッシュ政権が国際法を破壊し、国内においては人権を蹂躙していることを強調した。問題はブッシュがいうような「テロとの闘い」などではなく、世界大で人民を抑圧し収奪するシステム全体に立ち向かうことが必要であることを示唆した。

　安藤泰子（茨城大学講師）は、「平和に対する罪」から「侵略の罪」へと展開してきた、現代国際法における概念の形成と解釈をめぐる対抗を、ICC規程採択過程の分析を通じて解明したうえで、アフガニスタン攻撃は国際法違反であり侵略の罪にあたると結論づけた。

　2人のジャーナリストによる現地報告がこれに続いた。アフガニスタン取材から帰国したばかりの広河隆一（フォト・ジャーナリスト）は、公聴会直前になって飛び入り参加してくれることになった。マーク・ヘロルド教授のアフガニスタンにおける民間人被害者に関する報告書を手にして、その現場を回って裏づけ取材をし、証拠写真を持ちかえった貴重な報告である。

綿井健陽（アジアプレス）は、米国による空爆やカブール陥落当時の取材ビデオを上映して、現場で見た戦争の実相を報告した。空爆する側とされる側の双方の視点を対照しながら、戦争被害へのイマジネーションを抽き伸ばしてくれた。
　フィリピンから参加したポール・ガラン（平和団体AKCDF理事）は、政府軍が人民軍との対話を投げ捨てて弾圧政策を展開するなかで、とくに女性と子どもに対する誘拐や拷問や虐殺が発生している事実を報告した。
　第1回に続いて、大阪、渋谷、兵庫、三多摩、京都、イスラマバード、横浜、広島、千葉、名古屋、沖縄、マニラ、東京・赤羽、大阪大学、枚方で公聴会を開催した[*17]。
　ICTAは公聴会方式を採用し、独自の連続公聴会を開催した。民衆法廷の新しいあり方を模索したためである。
　第1に、証拠の収集と分析のためである。ICTA公判では、被告人の有罪を立証する証拠を提出しなければならない。しかし、ICTAには強制捜査権はない。民衆自身の手で証拠収集するためには、そのための「場」を組織的に用意しなければならない。公聴会に、ジャーナリスト、NGO、研究者から報告をしてもらい、それを証言とし、ビデオや写真を証拠とする。捜査の一環としての公聴会である。
　第2に、東京や大阪だけでなく、各地での連続公聴会に取り組んだのも特色である。国際戦犯民衆法廷となると東京などに偏りがちである。それはある程度はやむをえないが、できるだけ各地で取り組む必要がある。とくに反戦平和運動は、これまで後退に後退を重ねてきたため、パワーがないし、新しい問題提起も出てこない。そうした反戦平和運動の状況を変えていくために、ICTAは各地での公聴会を、それぞれの努力で作り上げていくことにした。
　第3に、アジアや米国との連帯作りである。アフガニスタンの戦争被害の実態をアフガニスタンから報告してもらい、米国の反戦平和運動の状況を米国から報告してもらう。ブッシュを裁くという同じ目的で、アフガニスタンや米国から証言をしてもらうことで、日本とアジア、そして米国の反戦平和運動の連帯を継続的に創っていく試みである。

法廷の構成と公判

　「私は、アフガニスタン国際戦犯民衆法廷の判事としての義務と権限を立派に、誠実に、公平に良心的に行使すると厳粛に宣誓します」。
　2003年7月21日、第1回公判開廷を迎えて、冒頭に5人の判事が宣誓を行った[*18]。ICTA第1回公判は、宣誓を終えたばかりの新倉修裁判長の開廷宣言によって始まっ

た。

　土屋公献検事団長が起訴状冒頭を読み上げたのに続いて、検事団が交代で起訴状を朗読した[*19]。被告人はジョージ・ブッシュ米大統領である。6月30日付で完成し法廷に提出した起訴状は、ホワイトハウスおよび東京の米国大使館にも届けてある[*20]。

　起訴状は、全6章からなる。第1章「被告人の経歴」に続く第2章「個人の刑事責任」では、ICTAがアフガニスタンに対する侵略の罪、戦争犯罪および人道に対する罪に関する個人の刑事責任を裁くことを示し、これらの犯罪を米軍に命令し実行させたブッシュ米大統領の責任を追及している。さらに、米軍による捕虜虐殺や虐待の犯罪が行われていることを知りながら、やめさせることも責任者を処罰することもしなかった上官の責任も明らかにしている。

　第3章「侵略の罪」では、2001年10月20日に始められた米軍のアフガニスタン攻撃が侵略の罪に当たるとしている。起訴状は、9・11以後の米国政権内におけるアフガニスタン攻撃決定過程をフォローし、米英連合軍による空爆の状況と、タリバン政権崩壊に至る過程をまとめたうえで、侵略の罪の定義を試みている。ニュルンベルク裁判と東京裁判で適用された平和に対する罪は、その後の国際法では侵略の罪と呼ばれ、1998年の国際刑事裁判所規程にも盛り込まれた。ただし、その定義はまだ国際法上確立していないため、ICTA検事団は、適用されるべき侵略の罪の定義を、国家主権と人民の自決権に対する軍事的攻撃として提示している。

　第4章「戦争犯罪」では、空爆における民間人攻撃を、とくに無差別爆撃に着目して、2000年10月、11月、そして12月以降の空爆状況を示しながら、詳細に述べている。国際的な調査がなされていないため正確なことは不明だが、数千人が殺されたと推定されている。

　また、クラスター爆弾の使用を独自に取り上げている。クラスター爆弾は投下された大型爆弾が空中で202個の小型爆弾に分解して落下し、地上で炸裂することで周辺一帯を破壊し、人間を殺傷する爆弾である。米軍は住宅地域にもクラスター爆弾を投下しており、民間人に被害が生じている。さらに、クラスター爆弾は一部が不発弾となり、後に人間が触れると爆発する。地雷と類似した効果を持ち、主として子どもの犠牲者を生んでいる。

　カライジャンギ捕虜収容所におけるタリバン捕虜虐殺や、グアンタナモ収容所における捕虜虐待なども古典的戦争犯罪として取り上げられている。

　第5章「人道に対する罪」では、空爆による大量の難民発生に焦点を当てている。空爆開始直前から国際食糧機関や難民高等弁務官事務所などが難民発生の危険を

勧告していたにもかかわらず、米軍は大規模空爆を行って実際に大量難民を発生させた。故郷を追われた難民がパキスタン国境の難民キャンプに溢れ、飢えと寒さで病気になったり亡くなっていった。

第6章のまとめにおいて、検事団は、ブッシュ米大統領の重大戦争犯罪を告発することは、世界の平和と安全のための第一歩であり、亡くなった被害者を弔い、今なお困難にあえぐアフガニスタン人民にささやかな慰めを提供するとする。ブッシュ大統領の「戦争中毒」を治療することが、ブッシュ大統領本人にも米国にとっても最善の利益であるとし、世界の人々に平和のための連帯を呼びかけている。

第1回公判では、検事団は起訴状の要旨を朗読した。また、アフガニスタンから招いた2人の被害者証人を尋問した。身柄の安全を確保するため、2人の証人は身元を伏せることとした。証人Aは、カブールにおける民間住宅地への爆撃によって家族を喪った悲しみと、アフガニスタンから日本へやってきて証言することの困難を語った。証人Bは、戦争のために難民として各地をさまよった体験を語った。また、アフガニスタン現地調査を重ねた調査員の証言も行った。

第1回公判において提出された起訴状には劣化ウラン弾問題が取り上げられていなかったが、検事団は第2回公判で劣化ウラン弾について追起訴する方針を示した。第2回・第3回公判の期日と争点を確認のうえ、裁判長が閉廷を告げた。

第1回公判後も、ICTA実行委員会は第7・第8次戦争被害調査を行い、マニラ、東京・赤羽、大阪大学、枚方での公聴会を重ねた。さらに、劣化ウラン弾問題については、検事団が、ドイツ・ハンブルクで開催された劣化ウラン問題科学者集会に参加して証拠収集に励んだ。また、イラク調査を行った藤田祐幸（慶応大学助教授）の報告会や、アフガニスタン・イラクでの劣化ウラン被害調査を行っているウラニウム医療調査センター（UMRC）のドラコヴィッチ博士の報告会を開催した。

こうした調査・研究を踏まえて、検事団は、第2回公判に向けて、追加起訴状を完成させた。

第2回公判では、起訴状および法的争点の確認の後、劣化ウラン弾と民間人抑留者に関する追加起訴が行われた。証人としては、9・11被害者遺族のボビー・マーシュ、カブール西部の爆撃で娘夫婦を失った証人C、劣化ウラン研究者のローレン・モレ、グアンタナモ基地に誤認収容され虐待を受けた被害者の弁護人イクラム・チョードリが証言を行った。

第3回公判では、米国軍事戦略についてグローリア・ラリヴァ（IAC理事）、劣化ウラン弾について矢ヶ崎克馬（琉球大学教授）が証言を行った。そして、検事団は詳細な

論告においてブッシュの有罪を宣言し、判事団に有罪の認定と国際社会への勧告を要請した[21]。

結審の後、判事団は、判決主文を言い渡した。被告人ブッシュ大統領は「侵略の罪について有罪。民間人・民間施設攻撃の戦争犯罪について有罪。捕虜虐殺等について一部無罪（米大統領権限の範囲外について）。大量破壊兵器使用の戦争犯罪について有罪。迫害等の人道に対する罪について有罪」と。

最終的な判決全文は、2004年3月13日に言渡しの予定である。

民衆法廷の意義

それでは民衆法廷とは何であり、どのような意義を持つのか。その意義を検討することで本稿を終えたい。

第1に、ICTA運動を実施したのは、米国のアフガニスタン攻撃の違法性を論証し、確認しなければならないからである。

アフガニスタン空爆に続いて、ブッシュ米大統領らはイラク攻撃の意欲を猛烈に示していた。これに対して世界の平和運動は戦争反対の声を上げ、デモや集会を繰り広げていた。平和を願い無用な殺戮に反対するのは当然のことである。

イラク戦争に反対する平和運動の声は、その賛同者には説得力がある。しかし、アフガニスタン空爆後の国際社会において、イラク攻撃反対の反戦平和の論理は、残念ながら必ずしも説得力を持たなかったといわざるをえない。

国際社会は米英軍のアフガニスタン攻撃を追認してしまったのである。コフィ・アナン国連事務総長は、ブッシュ大統領が作り出した戦争の既成事実に卑屈に跪いてしまった。そのコフィ・アナンがノーベル平和賞を受賞したのだから、ブラック・ユーモアといって済ませる話ではない。

米国は独断でアフガニスタンに空爆を始め、国連は圧倒的な米軍の破壊力の前に沈黙した。兎狩りのような虐殺、殲滅を追認した。「国際法上の正当化根拠もなしに強行したアフガニスタン攻撃が許されるのなら、イラク攻撃が許されないはずがない」。アフガニスタン攻撃を許し、口を閉ざしながらイラク攻撃に反対するのは、実は「二重基準」でしかない。アフガニスタン攻撃にもイラク攻撃にも反対する国際法の論理と平和思想を再確認する必要がある。

そのためにも民衆法廷を開いて、アフガニスタン攻撃の実態を解明し、国際法に照らして裁く必要がある。

第2に、ブッシュ大統領を裁ける国際法廷が現実に存在しない。個人の戦争犯罪を裁く国際法廷は、これまでニュルンベルク裁判、東京裁判、ICTY、ICTRがあるが、これらは特定の時期と場所に限定された法廷であり、特定の戦争犯罪しか裁けない。東ティモール法廷も同じである。現在作られようとしているカンボジア特別法廷やシエラレオネ特別法廷も同じである。他方、1998年のICC規程によりICCの設立準備が進められているが、規程が発効したのは2002年7月であり、それ以前の戦争犯罪は裁けない。米国はICC規程を批准していないので、ブッシュ大統領を起訴する条件もない。

　さらに、ベルギーは国際人道法違反処罰法という独特の法律を持ち、国際人道法違反に対する普遍的管轄権を主張し、誰が、世界のどこで、いつ行ったものでも人道に対する罪や戦争犯罪を裁けることにしていた。現に、1994年のルワンダにおけるツチ虐殺について、2001年春に裁判を行い、有罪判決が確立している。このため、世界各地からベルギーのブリュッセル裁判所に告発が続いていた。たとえば、ドリス・バリス（元モロッコ首相）、ンドンバシ（元コンゴ民主共和国外相）、シャロン（イスラエル首相）などが告発されているし、父ブッシュに対する告発もなされている。ベルギー法は、ICC発足までの空白を埋める貴重な試みであったが、世界から告発が相次ぎ、国際問題となったため、その後、ベルギーは米国の要請を受けて、告発権の制限を行い、ブッシュに対する告発が受理される見込みはなくなった。

　このように既存の国際法廷ではブッシュを裁けない。しかし、裁けないからといって手をこまねいているわけにはいかない。となれば、民衆が自発的に集まって創意工夫を重ねて自前の民衆法廷を開催するしかない。

　それゆえ、"民衆法廷"と"権力法廷"の対比が意味を持つことになる。権力の犯罪を権力法廷がいかに裁くのか。多くの場合、権力法廷は権力犯罪を隠蔽する。権力法廷が権力犯罪を裁くのは、体制変化などの場合に限られるのが実情である。国内裁判所や国際裁判所などの権力法廷が権力犯罪を裁かないのであれば、民衆法廷が独自の観点から始動しなければ、権力犯罪を容認し隠蔽することになってしまうおそれがある。

　第3に、民衆法廷の構想・実現は国際法そのものに対する新たな問題提起となる。

　近代国際法は、文字どおり「国家と国家の間の法」として形成されてきた。二国間であれ多国間であれ、主権国家と主権国家の間の条約群、そして主権国家群の国際実行が国際法を形成してきた。国際法は国家による国家のための相互調整であり、国際法の主体は主権国家を原則としてきた。

　それでは、国家が作り上げてきた国際法を国家自身が守らない場合にどうするのか。

国家群による政治的圧力や国際機関による監視が、主権国家に国際法を遵守させる働きをしてきた。

ところが、国際機関も国際法を守るとは限らない。国家も国際機関も国際法を守ろうとしない場合、いかなる対処が可能であろうか。

この問いに対する回答は困難であるが、ひとつの可能性を指し示してきたのが、たとえば、国際人権法の分野におけるNGOの活動であろう。国家機関による差別や拷問などの重大人権侵害の事実を調査し、人権侵害の予防と解決を求め、国連人権機関に報告してきたNGOの活動があって、国際人権法は豊かな内容を獲得してきた。国際人道法の分野にも同じことが当てはまるだろう。

そうだとすれば、国際法は国家や国際機関によって担われるのが一般的であるとはいえ、国家や国際機関だけが国際法の主体であるとは言い切れないであろう。

人権、福祉、人道、民主主義、平和といった分野では、NGOを通じて情報提供したり、ロビー活動を展開してきた民衆もまた国際法の主体として登場しているのである。それゆえ、民衆法廷運動は直接的に"国際市民社会"の形成に向けられている。

これまで近現代国家群とその協力機関としての各種の国際機関は"国際共同体"を織り成してきた。しかし、それはあくまでも主権国家の絶対性をいったん前提として、その絶対性に"国際共同体"の網を被せるものであった。国際連盟や国際連合に代表される国際機関は、主権国家の"国際共同体"を形成し、発展してきた。そのきわめて重要な成果と意義については語るまでもないだろう。そして、その決定的な限界についても語る必要はないだろう。

"国際共同体"の限界を超えるために、個別国家が"帝国"として世界でわがもの顔に振る舞う現在、むしろ民衆の手で"国際市民社会"の理念を掲げ、民衆の平和を実現するために努力する必要がある。

国家や国際機関が国際法を守らないからといってすべての可能性をあきらめる必要は、まだない。民衆の声を国際法の回路を通して実現していく可能性がまったく閉ざされているわけではない。そうした回路をさらに広げていくことが今日むしろ求められているはずである。民衆法廷の歴史的意義もここにある。

最後に、イラク国際戦犯民衆法廷の取組みが始まっているので、紹介しておきたい。ICTAは、アフガニスタンにおける米国の犯罪を裁くことで次の戦争を止める平和運動の試みであったが、2003年3月20日、ブッシュ大統領はイラクに対する空爆を開始した。世界の反戦平和運動の大きなうねりにもかかわらず、「大量破壊兵器の嘘」を流し、政権を転覆し、イラクを不法占領して、その後も各地で戦闘を続けている。占領軍に

対する抵抗を「テロ」と指弾し、掃討戦の名の下に民間人を殺害し続け、さらに抵抗を呼び寄せている。

　イラクに対する侵略とイラクにおける戦争犯罪を裁くために、2003年10月5日、東京でイラク国際戦犯民衆法廷（ICTI）運動が始まった*22。ICTIは、先行したICTAに学びながら、さらにさまざまな工夫を加えて、グローバリゼーションによる戦争と破壊に反対する民衆法廷運動を作り上げていく予定である。2004年の1年間を通じた調査と公聴会を積み上げて、記録を収集し、証拠として整理し、公判につなげていく。日本と、アジア、そして米国の反戦平和運動の新しい形を模索し、"国際市民社会"の時代を創り出すために。

*1　ICCについて、アムネスティ・インターナショナル日本国際人権法チーム編『入門国際刑事裁判所』（現代人文社、2002年）、安藤泰子『国際刑事裁判所の理念』（成文堂、2002年）。Otto Triffterer (ed.) Commentary on the Rome Statute of the International Criminal Court. Nomos Verlagsgesellschaft. Baden-Baden.1999. Roy S. Lee (ed.) The International Criminal Court. Kluwer Law International. Hague. 1999. Antonio Cassese, Paola Gaeta & John R. W. D. Jones (ed.), The Rome Statute of the International Criminal Court: A Commentary, Oxford, 2002. I ICRC, Elements of War Crimes under the Rome Statute of the International Criminal Court, Cambridge, 2002. 国際刑事裁判所問題日本ネットワークはhttp://member/nifty.ne.jp/uwfj/icc/index.htm

*2　前田朗『戦争犯罪論』（青木書店、2000年）。

*3　ベルギー法については、前田朗『ジェノサイド論』（青木書店、2002年）第1章参照。国際刑法の現状について、Christine Van den Wyngaert (ed.), Internatuional Criminal Law, Kluwer Law International, Hague, 2000. Antonio Cassese, International Criminal Law, Oxford University Press, 2003.

*4　民衆法廷について、前田朗『民衆法廷の思想』（現代人文社、2003年）参照。本稿は、同書第1章・第2章の基本内容を圧縮したうえで、その後の情報を加筆したものである。

*5　『ラッセル法廷』『続ラッセル法廷』（人文書院、1968年）、森川金寿『ベトナムにおける米国戦争犯罪の記録』（三一書房、1977年）など参照。

*6　ラムゼイ・クラーク『被告ジョージ・ブッシュ有罪』（柏書房、1991年）、同『アメリカの戦争犯罪』（柏書房、1992年）。

*7　世界女性法廷は、チュニスに本部のあるNGOの「エル・タラー」およびニューデリーに本部のある「アジア女性人権評議会」などが中心になって何度か開催されている。最新の女性法廷は、2003年8月11日から13日にかけて、バングラデシュのダッカで開かれた「人身売買暴力とHIV/AIDSに関する南アジア女性法廷」である。

*8　アジア民衆法廷準備会『時効なき戦争責任』（緑風出版、1990年）、同『問い直す東京裁判』（緑風出版、1995年）、同『戦争責任過去から未来へ』（緑風出版、1998年）。

*9　VAWW NETジャパン『日本軍性奴隷制を裁く2000年女性国際戦犯法廷の記録』（緑風出版、2000年）、同『裁かれた戦時性暴力』（白澤社、2001年）。女性国際戦犯法廷を主催したVAWW NETジャパンはhttp://www1.jca.apc.org/vaww-net-japan/。

*10　コリア戦犯法廷について、『この傷は忘れない――朝鮮戦争で米軍は何をしたのか』（朝鮮戦争時の米軍による民間人虐殺を裁く5.15大阪集会実行委員会、2001年）。コリア戦犯

法廷についてはhttp://www.iacenter.org/korea_top.htm。

*11 アフガン戦犯法廷準備会編『ブッシュの戦争犯罪を裁く』（現代人文社、2002年）、アフガニスタン国際戦犯民衆法廷実行委員会（ICTA）編『ブッシュの戦争犯罪を裁くPart 2』（現代人文社、2003年）。ICTA共同代表は、サラ・フランダース（IAC）、アフガニスタン女性革命協会（RAWA）、伊藤成彦（中央大学名誉教授）、山内徳信（元沖縄県読谷村長）および筆者が名を連ねている。呼びかけ人・賛同人は1200人を超える市民が集まった。ICTAのHPはhttp://afghan-tribunal.3005.net/。

*12 RAWAは、1977年に創設されたアフガニスタン唯一の女性解放団体である。当初はアフガニスタン国内で女性の自由を求めて運動していたが、ソ連侵攻へのレジスタンスを展開し、さらに原理主義勢力やタリバンとの闘いを繰り広げてきた。このためアフガニスタンでは非合法となり、パキスタンで活動を続けている。創設者のミーナはソ連KGBの手先によって1987年に暗殺された。ICTA編『アフガニスタン女性の闘い――自由と平和を求めて』（耕文社、2003年）参照。RAWAのHPはhttp://rawa.false.net/index.html。

*13 ICTA規程は、最初の草案が『ブッシュの戦争犯罪を裁くPart 2』に、採択された規程は『アフガニスタン国際戦犯民衆法廷公聴会記録集第6集』（耕文社、2003年）に収録されている。

*14 ICTA手続き証拠規則は、『アフガニスタン国際戦犯民衆法廷記録集第6集』に収録。

*15 アフガニスタンで何が行われたのか。その真相は未だにまったく不明のままである。米英軍による空爆でいったいどれだけの人々が亡くなったのか。誰も被害者を数えようとしない。9・11の被害者数は懸命になって数えるが、アフガニスタンの被害者数は数えない。米英軍も国連も死者には無頓着で冷酷である。カルザイ政権も被害者を数えようともせず、被害者遺族の補償要求を押し潰している。民間人被害者を数えたのは、マーク・ヘロルド（ニューハンプシャー大学教授）である。ヘロルド報告は貴重である。とはいえ、第1に、ヘロルド報告は報道記録をもとにした調査にとどまる。報道されなかった事件は含まれていない。第2に、民間人被害者だけを調査したもので、タリバンやアルカイダといわれた人々については、ただそれだけの理由で対象から除外されている。第3に、現場で即死した被害者だけしか含まれていない。負傷者が後に死亡しても報道されないことが多いためである。第4に、空爆以外の、飢えや寒さによる難民の死亡なども含まれていない。その意味で、ヘロルド報告はごく一部の調査にとどまる。現地で被害調査を行ったのは、米国のNGOのGEである。アフガニスタン系米国人がカブールに事務所を置いて、現地のスタッフを活用して2000家族の調査を行い、800人の死亡者のリストを作成した。私たちはGEの協力を得ながら現地調査を続けている。

*16 第2回公聴会（2003年1月19日、大阪・中之島）では、第4次アフガニスタン戦争被害調査団の報告に続いて、空野佳弘（弁護士）が在日アフガニスタン難民に対する日本政府による人権侵害を批判的に検証した。成澤宗男（ジャーナリスト）は「9・11」にはあまりにも「謎」が多すぎることを具体的に提示して、謎の解明を阻んでいるのは米国自身であると指摘した。豊田護（ジャーナリスト）はイラク国際市民調査団の報告を行った。

第3回公聴会（1月22日、東京・渋谷）では、高瀬晴久（ICTA事務局長）が、アフガニスタン戦争での民間人被害の実態を報告し、内田雅敏（弁護士）はアフガニスタン攻撃への日本の戦争協力を取り上げて、小泉内閣の政策が著しい憲法違反であると追及した。清水雅彦（和光大学講師）が小泉政権が推進している有事法制は戦争から市民を守るのではなく、軍事化と戦争をもたらし、しかも市民に戦争協力を強制して、再びアジアの民衆を「殴る」側に立たせる危険性を指摘した。韓国から参加したイ・ヨンマ（MBC記者）はアフガニスタン現地取材による報道映像をもとに戦争の実態を証言した。コ・ユギョン（駐韓米軍犯罪根絶運動本部幹事）は女子中学生轢死事件に代表される米軍犯罪の実態を暴き、韓国民衆の闘いを紹介した。

第4回公聴会(2月23日、兵庫・神戸)では、パキスタン在住アフガニスタン人のサハル・サバ(RAWA)が、アフガニスタンでの民間人に対する戦争被害を報告した。第1に、四半世紀にわたる戦乱における戦争被害、第2に、米英軍による戦争被害を具体的に紹介しつつ、第3に、RAWAがいかにして原理主義者による人権侵害や抑圧と闘ってきたかが明らかにされた。青木孝嗣(RAFIQ)は、第4次戦争被害調査団の報告を行い、家正治(姫路独協大学教授)が、アフガニスタンへの報復戦争と国際法規を検証し、浅井基文(明治学院大学教授)が、冷戦後の米国の軍事戦略とアフガニスタン侵略の関連を解き明かした。柳本祐加子(北陸大学教員)は、女性国際戦犯法廷の成果を紹介しつつ、ICTAへの期待を述べた。

第5回公聴会(3月22日、三多摩・八王子)では、清水竹人(桜美林大学教員)が、クンドゥズおよびマザリシャリフにおける第5次戦争被害調査団の報告を行い、吉永顕(ピース・ウオッチ)が、アフガニスタン攻撃における在日米軍の位置について報告した。金子勝(立正大学教授)は、現代帝国主義の法構造を分析して、グローバリゼーションの本質を批判した。西野瑠美子(VAWW NETジャパン共同代表)は、女性国際戦犯法廷は何を残したかとして、女性法廷が達成した成果を紹介し、法廷を歪めて紹介したNHKに対する訴訟の状況も報告した。

第6回公聴会(4月6日、京都)では、勝井健二(統一の旗新聞社)が、クンドゥズおよびマザリシャリフにおける第5次戦争被害調査団の報告を行った。アフガニスタン戦争と国際法について報告予定だったモーセン・マサラート(オスナブリュック大学教授)は来日できず、資料の配付にとどまった。在米アフガニスタン人のマスーダ・スルタンは、カンダハルにおける親族の戦争被害を報告した。渡辺武達(同志社大学教授)は、現在の日米メディアと米国の国際犯罪隠蔽報道について論じた。

第7回公聴会(4月30日、イスラマバード)は、中止となった。公聴会の報告は3本用意していた。清水竹人が、これまでの調査と公聴会で明らかになったことを中間総括し、筆者が、国際法における被害補償の法理を整理した。また、RAWAがアフガニスタンの女性の被害を報告する予定であった。公聴会は中止となったが、第7回公聴会として記録に残すことにした。後掲注*17参照。

第8回公聴会(5月31日、神奈川・横浜)では、田中利幸(広島市立大学教授)が、アフガニスタン空爆の戦争犯罪について、とくにジュネーヴ諸条約などの国際人道法違反について報告した。足立昌勝(関東学院大学教授)は、ICC規程を適用したとすればブッシュの戦争はどのように見えるかを明らかにした。田巻一彦(キャッチ・ピース)は、米国の世界戦略とアフガニスタン軍事攻撃の関連、および在日米軍基地の役割を解明した。特別報告として、中山康子(ユーゴ・ネット)は、旧ユーゴ解体と米国の戦略について報告した。

第9回公聴会(6月15日、広島)では、ダイ・ウィリアムズ(劣化ウラン研究者)が、劣化ウラン兵器の危険性とアフガニスタンでの使用について検討し、石田明(被爆者、全国被曝教職員の会会長)は、原爆被害と国際法違反について述べた。横路謙次郎(広島大学名誉教授)は、放射線が人体に与える影響と劣化ウラン弾について所見を示した。藤田祐幸(慶応大学助教授)は、コソボとイラクにおける劣化ウラン弾被害調査結果を報告した。糟谷英之(摂南大学助教授)は、米英軍によるアフガニスタン攻撃の国際法違反性を明らかにした。

第10回公聴会(6月28日、千葉)では、栗田禎子(千葉大学助教授)が、アフガニスタン・イラクに対する米国の攻撃について中東研究者の立場から検討した。きくちゆみ(グローバル・ピース・アクション)は、なぜ米国はアフガニスタン攻撃を仕掛けたかとして、軍産複合体の現状を批判した。ローレン・モレ(劣化ウラン研究者)は、米国の核政策と劣化ウラン弾の危険性について報告した。

第11回公聴会(7月6日、東海・名古屋)では、サハル・サバ(RAWA)が、アフガニスタン民間人の戦争被害と、戦争や原理主義者の抑圧の下での女性の闘いについて報告した。

ジョージ・シェル(オスナブリュック大学教授)は、アフガニスタン攻撃以前から以後における米国の中央アジア政策を現代国際法と国際政治の観点から分析した。

第12回公聴会(7月13日、沖縄・宜野湾)では、サハル・サバ(RAWA)が、アフガニスタンにける米軍犯罪を沖縄の基地犯罪と対比しつつ紹介し、アフガニスタン女性の闘いに言及した。比屋定泰治(沖縄国際大学講師)は、アフガニスタン空爆の国際法違反性について検証した。また、平良夏芽(牧師)は、イラク市民調査団の報告を行い、野中章弘(アジアプレス・インターナショナル)はイラク戦争報道の問題点を報告した。

第13回公聴会(9月11日、マニラ)では、ミンダナオにおける虐殺と破壊のビデオを上映した後、サトゥール・オカンポ(議員)が現地調査の経過を報告し、ロメオ・カプロン(弁護士)がフィリピンにおける米国の戦争犯罪を事実と国際法に基づいて解明した。神原元(弁護士)は、ICTA検事団が擁している起訴状を紹介した。

第14回公聴会(10月12日、東京・赤羽)では、鵜飼哲(一橋大学教員)が「9・11以降の世界をどう見るか」を語り、ダグラス・ラミス(政治学者)がアフガニスタン攻撃をめぐる米国戦略を批判し、楠山忠之(フォト・ジャーナリスト)が第7次アフガニスタン調査団報告を行い、太田昌国(民族・植民地問題研究者)がグローバリゼーションと日本のナショナリズムについて論じ、板垣竜太(東京大学助手)が朝鮮半島の"危機"について語った。

第15回公聴会(11月9日、大阪大学)では、サラ・フランダース(IAC)が米国の軍事戦略を取り上げて、米軍は9・11よりはるかに以前からアフガニスタン等への侵攻を計画していたと指摘した。柳和元(医師)は劣化ウラン弾に関する文献渉猟の結果として、その危険性と因果メカニズムを明らかにした。

第16回公聴会(11月15日、大阪・枚方)では、デヴィッド・レイノルズ(戦争抵抗者連盟)が、冷戦終了後の米軍事戦略について証言し、島川雅史(立教女子短大教授)が米軍事戦略の変遷とブッシュ・ドクトリンの違法性を明らかにし、矢野秀喜(ICTA企画委員)がアフガニスタン攻撃にはいかなる理由もなかったことを確認した。

*17　第7回イスラマバード公聴会は中止となった。ICTAは、ブッシュがアフガニスタンで犯した戦争犯罪を日本の平和運動の責任として追及する運動であるので、日本での運動を中心としつつも、被害を受けたアフガニスタン人民や、アジアの平和運動と連帯していくことを課題とした。そこで主にパキスタンで活動しているRAWAの協力を得て、ラワルピンディのRAWAの難民向けの病院や学校を見学させてもらったり、RAWAのメンバーを兵庫公聴会に招いて、被害証言をしてもらった。そのうえで、RAWAがICTA共同代表となった。そこで、ICTAは、RAWAの全面協力の下にイスラマバードでの公聴会開催を企画した。RAWAは毎年4月28日にイスラマバードでデモを行い、声明を発してきた。1992年4月28日は、「聖戦士」たち原理主義者がカブールを制圧し、アフガニスタンに恐怖政治が始まった日だからである。その後のタリバン政権の弾圧も厳しかったが、タリバン以前からアフガニスタン政権は略奪と殺人と拷問を行っていたのである。そこで、2003年4月28日のデモにはICTAメンバーも参加した。4月30日には公聴会を開催する計画であった。ところが、前日になって、ISI(パキスタン軍情報部)から公聴会開催を認めない旨の電話があった。理由は明示されていないが、「外務省および日本大使館の許可をとらないかぎり開催は認めない」という。ISIといえば、かつてはKGBやモサドとも並び称された諜報機関である。単なる観光ビザで入国している私たちは、これに抗することはできなかった。RAWAもまた、パキスタンには難民資格で在住している身分であり、ISI命令に従うしかなかった。会場の解約をした際、会場にもISIから「公聴会開催は認めない」旨の連絡が届いていた(後日、RAWA代表がパキスタン政府に抗議に行ったところ、返ってきたのは「米軍の要請なので選択の余地はなかった」という回答であった)。4月30日、私たちは、ペシャワル記者クラブにおいて、ISIの介入によって公聴会が開催できなかった事実を報告し、「民主的社会で公聴会を開催できないのは残念だ」とアピールした。「DAWN」「Statesman」「The News」などパキスタンの多くの新聞がこれを

報道した。記者会見をしながら、私は、ラッセル法廷のことを想起していた。ラッセル法廷は、当初はパリで開催する予定であった。ところが、ドゴール政権の妨害によって主要なメンバーが入国を拒否され、開催できなくなった。そこでラッセル法廷はストックホルムに移動した。ICTAをラッセル法廷に比肩する気は毛頭ないが、国家権力が民衆法廷をどのように見ているのかを示す重要な論点であるはずだ。ICTAは、民衆がボランティアで集まってささやかな公聴会を開いてきたに過ぎないが、問題意識と構想は壮大である。最大最強の「帝国」に君臨する暴君ブッシュの戦争犯罪を裁くために、証拠を収集し、国際法理論を磨く。その活動は、たとえ規模は小さくとも、現代史の焦点をみごとに捉え、権力に脅威を与えているのである。また、第3回公判に出廷する予定だった証人Dは、パキスタン政府がパスポートを発給しなかったため来日できなかった。代わりに来日して証言したイクラム・チョードリ弁護士によると、FBIからパキスタン政府に圧力がかかったためだという。

*18 判事団は、イギリスの弁護士で元アストン大学法学部教授・弁護士のイアン・アクロイド、インドのボストン大学法学部教授・弁護士のニルーファ・バグワット、米国のウィリアム・ミッチェル大学法学部教授・弁護士のピーター・アーリンダー、早稲田大学教授の水島朝穂、青山学院大学教授の新倉修・裁判長。

*19 検事団は、土屋公献・検事団長（弁護士、元日弁連会長）、山口広・副団長（弁護士）、猿田佐世・事務局長（弁護士）、伊藤和子、加賀美有人、上山勤、神原元、久保木亮介、田場暁生、田部知江子、土井香苗、成見暁子、萩尾健太（いずれも弁護士）、ジョージ・シェル（オスナブリュック大学教授）、アニャ・ムルカジ・コノリ（IAC）、マイケル・ウオーレン（ニューヨーク、弁護士）。

*20 ICTAは被告人に弁護人を付していない。民衆法廷における弁護人選任についてはなお議論が必要だが、従来の民衆法廷では弁護人を付していない。この点についての私見は前田朗前掲『民衆法廷の思想』第1章。弁護人を付す代わりに、ICTAでは被告人側主張を法廷に顕示して論点を明確にするために「アミカス・キュリエ（Amicus Curiae）」を採用した。西欧の裁判実務やICTY・ICTRで採用されてきた「法廷の友」としての専門家である。ICTAのアミカス・キュリエは、大久保賢一、森川文人、井堀哲（いずれも弁護士）が担った。

*21 検事団は、第1に国際平和と安全の秩序の再確認と戦争違法化の意義を勧告すること、第2に戦争被害者への補償の法理を判決が示すこと、第3に劣化ウラン弾禁止のためのガイドラインを示すことを要請した。戦争と平和の現代国際法に学びつつ、民衆のアイデアで国際法を変えていこうという挑戦である。現代国際人道法について、Adam Roberts & Richard Guelff, Documents on the Laws of War, Third Edition, Oxford, 2000. R. van der Wolf & W. van der Wolf(ed.), Laws of War and International Law, Wolf Legal Publishers, 2002. M. Cherif Bassiouni(ed.), A Manual on International Humanitarian Law and Arms Control Agreements, Transnational Publishers, NY, 2000.

*22 イラク国際戦犯民衆法廷のHPは、http://www.icti-e.com/。なお、ICTIとは別に、並行して、「イラク世界法廷（WTI）」運動が始まっている。ベルギー、トルコ、日本などの平和運動の呼びかけに始まって、世界各地で法廷運動を展開するために連携しながら動き始めた。2004年1月18日にはムンバイ（インド）、4月にブリュッセル（ベルギー）で公聴会を開き、その後もニューヨークや広島で公聴会を続け、イラク侵略本格的開始2周年の2005年3月20日にイスタンブール（トルコ）で開廷することをめざしている。ICTIはWTIに全面協力し、WTIもICTIに協力することになっている。

「国際刑事裁判所規程」と沖縄における駐留米軍の意味

「日米地位協定」を新たな国際法から考える

上村英明

はじめに

「国際刑事裁判所規程(ICC規程)」は、紛争下における暴力を公正に裁くと同時に、こうした暴力を予防する役割を期待されている。さらに、「人道に対する罪」が武力紛争中に起きた犯罪ばかりでなく、平時に行われた犯罪にまで適用されることも重要で、社会に深く存在する性暴力などに司法の光が正面から当てられる可能性もある。これらの点に加え、ICC規程は、その性格から軍事同盟や軍事協力のあり方、そしてその本質を検討するうえで重要な試金石となることを本稿では指摘してみたい。

ICCに対するドイツをはじめとする欧州諸国の積極性に比較した、米国の敵対と日本の無関心は、米国のグローバルな軍事戦略の展開や日米軍事同盟・軍事協力などの本質、そしてその犠牲となってきた人々の人権問題を、これまで不可侵だった「安全保障」という霧の中から描き出すことになるからである。たとえば、欧州において、「NATO軍地位協定」がICC規程との関係で再検討されたことは、「日米地位協定」や「米韓地位協定」の再検討という視点から今後詳細に検討される余地があることを示している。この点、「日米地位協定」によってその人権を大きく侵害されてきた沖縄の問題[*1]をICC規程というより普遍的視点から再検討することが可能である。

米国のICC敵対政策とその論理

3つの敵対政策

まず、米国の軍事戦略のグローバルな展開とICCの関係を概観したい。米国政府は、ローマ会議において一定の分野で貢献したにもかかわらず、採択においてはイスラエル、中国など6カ国とともにICC規程に反対票を投じた。しかし、クリントン政権は、翌

月からのブッシュ政権の誕生を睨んで、2000年12月にICC規程の署名をかろうじて行った。

しかし、ブッシュ政権は、2002年4月11日、ニューヨークの国連本部で開かれたICCに関する特別イベントで、カンボジア、ブルガリア、アイルランドなど10カ国が批准して、批准国が60カ国を超え、同年7月1日にICCの管轄権が発効することが決まると[*2]、露骨な妨害工作を開始した。2002年5月6日米国政府は、前代未聞のICC規程に対する署名撤回を行い、ICCを弱体化し、米国国民に対する「免責・不処罰」特権を得るためのICC規程敵対キャンペーンをスタートさせた。9・11後のアフガニスタン攻撃を経て、イラクに対する圧力を「対テロ戦争」の「正義」を掲げて強めていた時期に開始された米国政府のこのキャンペーンは、「米国の正義」の本質を知るうえできわめて重要である。

具体的に、その後のICC敵対キャンペーンは、3つの目標に絞られていく。

第1のものは、安全保障理事会における米軍兵士などに対する「免責1年」を保障する決議の採択である。2002年7月1日ICC規程が発効すると、安全保障理事会では、この「免責決議」が大きく議論されるようになった。決議案は、ICC規程を批准していない国の要員（current or former officials or personnel）で、PKOなど国連が設置あるいは公認した活動に従事している者は、安全保障理事会によって別途決議があるまでは、1年間ICCに訴追されないというものである。たとえば、ICCに訴追されようとした米国兵士は、この1年の期間に米国に帰国することが可能で、この兵士を訴追するには安全保障理事会の新たな決議が必要であるが、米国はここで拒否権を行使して、その兵士を免責することが可能となる。この免責決議は、悪名高い「安全保障理事会決議1422」[*3]として、2002年7月12日に米国の圧倒的な圧力のもと全会一致で採択された。さらに、多くの政府とNGOの批判のなか、決議1422は、2003年6月12日には新たな「安全保障理事会決議1487」[*4]として、賛成12カ国、反対0カ国で、さらに1年延長されたが、この採択では、ドイツ、フランス、シリアが棄権にまわったことが注目された。

第2のものは、ICCへの協力を禁止した国内法の制定である。「米軍要員保護法（American Servicemember' Protection Act: ASPA）」[*5]は、連邦議会を通過後2002年8月2日にブッシュ大統領によって署名されたが、米国民のICCへの引渡しや捜査への協力、資金提供の拒否などをはっきりと規定している。とくに、米国大統領に対して、ICCに拘束された米国市民を解放する「必要なあらゆる手段（any means necessary）」をとる権限を与えているところから「ハーグ侵攻法（The Hague

Invasion Act)」と揶揄されるなど、特定の国際条約を否定する国内立法としては異様な法律である。

　そして、第3のものが、免責を求める二国間協定である。米国政府は、世界各国に対し、米国の同意なしに米国国民をICCに引き渡さないことを規定した二国間協定(「米国免責二国間協定(US Bilateral Immunity Agreements: BIAs)」)[*6]を結ぶ方針を決定し、2002年8月9日各国の駐米大使にこれを伝達した。協定には、容疑者の米国国民が米国の法廷によって訴追されることも明記されないため、これも米国国民への免責を求める措置であることは疑いの余地がない。同時に、米国は、この協定を結ばない国に対して軍事援助を打ち切ると脅迫を行ってきた。2003年10月31日現在、ルーマニア、イスラエル、タジキスタンなど60カ国がこの二国間協定に署名し、ガーナ、フィリピンなど12カ国が批准を行っている。これに対し、コロンビアなど31カ国が米国の軍事援助打切り措置にもかかわらず署名を拒否しており、さらに、スイス、ノルウェー、オランダ、カナダなど33カ国がこの二国間協定に署名しないことを公式に表明している。

敵対政策の論理とその反証

　米国政府が1998年のローマ会議で反対票を投じた理由は、ICCの独立性が高く、旧ユーゴやルワンダに設置された特別刑事法廷のように自国のコントロール下にある安全保障理事会にその管轄権が委ねられなかったことにあるといわれてきた。

　ICC規程発効に伴いICC敵対キャンペーンを始めたブッシュ大統領は、2002年7月2日の記者会見で、「米国は世界に平和をもたらすために働いているのに、わが国の外交官や兵士がこの法廷(ICC)に引きずり出されるかもしれない」[*7]とその不信感をあらわにした。また、同じ時期ラムズフェルド国防長官は、ICCが政治的に利用され「無実の米国国民」が起訴されることへの強い懸念を示したが、ICCが米国の現在行っている世界各地への軍事展開や「反テロ戦争」の妨げになるというのも、その本音のひとつだろう。

　より細かく法的には、米国政府は、ASPAに関しては「捜査または訴追の嘱託」を定めたICC規程第16条に矛盾しないとし、BIAs政策に関しては「免責の放棄および引渡しへの同意に関する協力」を定めた同規程第98条に一致しており、国際法上も有効であると主張している。署名も批准もしていないこの国際法に、一定従っているとのポーズである。

　これに対し「EU評議会(Council of the European Union)」は、2002年9月30

日に「引渡し条件に関する米国とICC締約国間における協定に対するEU指針原則（EU Guiding Principles concerning Arrangements between a State Party to the Rome Statute of the International Criminal Court and the United States regarding the Conditions to Surrender of Persons to the Court）」[*8]を採択した。この中では、EUは米国のICC敵対キャンペーンに対する統一見解をまとめあげたが、BIAsは、ICC規程に関して締約国に課せられた義務に違反していると明記し、また、ASPAを指してICCの管轄権の内部で生じた犯罪の容疑者にいかなる免責を認めてもならないと再確認を行っている。他方、「アムネスティ・インターナショナル」も2002年9月2日に『国際刑事裁判所：ジェノサイド、人道に対する罪、戦争犯罪の不処罰のための米国の努力（International Criminal Court: US efforts to obtain impunity for genocide, crime against humanity and war crimes）』[*9]と題する報告書を発表し、BIAsはICC規程第98条を歪曲したものであり、国際法上の義務違反に当たるとし、ASPAは同じくICC規程および国連憲章に違反すると政策であると結論づけている。

沖縄における駐留米兵の犯罪とその免責

ICC敵対キャンペーンは、「反テロ戦争」遂行の正当化と表裏一体となり、ブッシュ政権を特徴づける外交政策と受け取られがちである。しかし、事実として考えれば、これは、伝統的な米国の軍事同盟や軍事政策の本質が、ICCとICC規程の出現によって国際社会の中で可視可能なほど明確になっただけだとみなすこともできる。

ブッシュ大統領の、米国国民は世界の平和のために働いているのに国際法廷に引きずり出される懸念があるという発言を、これまでも何度となく問題となった「日米地位協定」に置き換えれば次のようになるだろう。「米国国民は日本の平和のために働いているのに日本の法廷に引きずり出される懸念がある」。

1952年4月28日、日本国の独立を承認したサンフランシスコ平和条約と同時に発効した「日米行政協定」では、在日米軍要員とその家族の日本国内におけるすべての犯罪は、米国軍事裁判所が専属的裁判権を持つと規定されていた。いわゆる明確な治外法権がこの時代に独立国に対して認められていたのである。この米軍要員および家族の犯罪に関する裁判権は、1960年6月23日の日米安全保障条約とともに発効した「日米地位協定」に再定義された[*10]。そして、1972年5月15日に沖縄が日本に再併合（一般に「復帰」と呼ばれる）されると、在日米軍施設の4分の3以上が沖縄に集中

するなかで、米軍政府の直接統治によって保護されていた米軍要員の特権は、この「日米地位協定」によって継続して保護されることになる。言い換えれば、これによって、「日米地位協定」の差別性は、沖縄・琉球民族に対する日米両政府の共犯関係のもとでの構造的差別を、さらに拡大、強化することになった。

たとえば、「刑事裁判権」を定義する「日米地位協定」の条文は第17条である。裁判権は、その第3項によって米国の軍事裁判所と日本の裁判所に分割されるが、「公務執行中の犯罪」には米国の軍事裁判所が第一次裁判権を行使できるという規定[11]から、部隊指揮官の「公務中」という証明書が乱発された。これによって、多くの裁判が米国の軍事裁判所によって実施され、そのなかで巧みに「免責・不処罰」が容疑者の米軍要員に与えられてきた。また、第5項では、米軍が容疑者の身柄を拘束している場合には、日本の司法当局が起訴を行うまでは米軍が身柄を確保することが規定されており、日本の捜査権・逮捕権そのものが著しく侵害され、これ自体が「免責・不処罰」の基盤を醸成している。1995年9月、米兵による少女暴行事件が起こると、米軍当局は「日米地位協定」を盾に起訴前の身柄引渡しを拒否して大きな政治問題となった。この経験から、1995年10月25日には日米間の話合いで、殺人・強姦などの「凶悪犯罪」に限って「運用上の改善」が合意されたが、現在も引渡し拒否を伴う同様な事件が後を絶っていない[12]。それにもかかわらず、「日米地位協定」そのものを改定しようという動きを日本政府は何もとっていないことは、日本政府自身による人権侵害である。

ICC、「日米地位協定」、そして沖縄における人権保障

ICCと「米軍地位協定」

米国のICC敵対キャンペーンの中で、BIAsはとくに「日米地位協定」とも密接に絡んでおり、軍事協力のあり方を明確にしてくれる。ICC規程第98条2項には、容疑者をある国がICCに引き渡す場合、その容疑者の国籍国に同意をとるという国際条約があれば、その同意なくICCへ引き渡すことはできないと定めている。つまり、米国国民の容疑者の引渡しに米国の同意が必要であるというBIAsという国際条約は、このICC規程第98条2項を具体化したものにほかならないというのである。この議論では、米国が米軍を駐留させている各国と結んでいる「軍事地位協定（Status of Forces Agreement: SOFA）」のあり方が重要な論点のひとつとなっている。

SOFAでは、米軍要員の駐留国における犯罪の第一次裁判権は米軍事裁判所にあると規定しているため、これはICCに米国国民を引き渡さないための国際条約とみな

されるというのである。これに対し、EU諸国では異論が起きている。SOFAによって規定された米軍事裁判所による第一次裁判権の行使は、当初、外国の司法制度に慣れない米軍要員により公平な裁判を保障しようとした制度であって、彼ら・彼女らに「免責・不処罰」の特権を認めたものではないというものである。アムネスティ・インターナショナルの上述の報告書も、既存のSOFAはICC規程に含まれる「補完性の原則」の範囲を逸脱するものではないと分析している。

しかし、当初の理念とは別に、米国民に対する「免責・不処罰」の特権は、米国政府によって明確に認識されている。ブッシュ大統領の子どもじみた懸念をASPAは、「合衆国の重要な国家権益を保護するために（to protect the vital national interests of the United States）」世界各地に駐留し、派遣された米軍要員を、米国政府は「最大限可能なかぎり（to maximum extent possible）」保護する義務を負う、とはっきりと規定しているからだ。各国の市民には、「相互協力」と公式に説明されてきた米国とその「同盟国」との軍事協力が、実は、米国の国家権益を守るために展開された一方的な軍事協力に過ぎなかったことが明らかにされたといえる。

沖縄における人権侵害とICC

沖縄における米軍犯罪の事例とSOFAをめぐる議論を見るかぎり、米国によるICC敵対キャンペーンは、日本政府の対米従属外交、また同じく沖縄に対する長年の差別・植民地政策を基盤に確保した「免責・不処罰」を含む米軍要員の特権維持制度をむしろより明確化し、また国際化したものにほかならない。

そして、この視点から、ICC規程の持つもう１つの重要なポイントが浮き彫りにされるだろう。それは、ICC規程が、紛争や暴力あるいは軍事力によって最も弱い立場に置かれた「被害者」の救済、権利回復そして正義の実現に関わるきわめて重要な国際法だという点である。たとえば、ICC規程を批准した欧州諸国の兵士は、たとえ国連のPKO活動中であろうが、戦争犯罪や人道に対する罪を犯せば、今後この国際法廷で裁かれる可能性がある。「公務中」の如何を問わずである。そして、こうした国際協力の場で自国兵士が裁かれることも前提として、欧州諸国はICCに対する国際司法協力を積極的に進めてきた。そこには、自国を離れてわざわざ他国の平和のために働いているのにという子どもじみた、あるいは、国家権益を守る兵士は国家によって免責されるという時代錯誤的な言い訳が通用しないという理念が存在する。それは、いかなる状況にあれ「被害者」の視線でものを考えるという国際人権法のルールが、国際人道法の世界に巧みに統合されたことを意味している。また、国際人権法の視点からの、

安全保障分野における国際協力のあり方に対する新たな重要指針の提示といえるかもしれない。

翻って考えれば、21世紀、ICCが誕生する時代にこそ、一部の市民の人権や権利を犠牲にしても、軍事同盟上、他国軍兵士に不合理な特権を付与しなければならない軍事協力のあり方そのものが問われているといえる。本来的にいえば、冷戦が崩壊した1980年代末から1990年代に、日本においても二国間軍事協力のあり方について抜本的な議論を行うべきであった。しかし、日本政府も日本社会も、残念ながらその努力を決定的に欠いてしまった。

米国の敵対キャンペーンが続くなか、ICC規程への加入が国際社会から求められ、あるいは期待される日本政府や日本社会が考えるべきことは、紛争下の暴力を公正に裁くことばかりではない。同時に、自国の暴力装置そのもののあり方をはっきりと問わなければならないだろう。一定の地域に過重負担と人権侵害を押しつける軍事協力が存在してもいいのだろうか。なぜ、米軍要員を「免責・不処罰」にする構造を持つ「日米地位協定」を、今後も維持すべきなのだろうか。また、ICC規程も批准できないどころか「ハーグ侵攻法」を持つ米国を軍事同盟の相手として選択する意味を、日本社会は今一度確認しなくてよいのだろうか。

ICC規程への取組みは、こうした努力への方向性を示唆している。「EU指針原則」では、その中で、米国とICC規程締約国間の国際協定、とくに、軍事地位協定や引渡しなどの刑事犯に関する司法協力協定の再検討が提示されている。さらに、ICC規程第98条2項に関して、アムネスティ・インターナショナルは、既存の二国間軍事地位協定でこうしたICC犯罪を正当に裁くことが可能であれば、ICCは管轄権を行使しないというのがこの条文の本来の意図であると明示している。

国家による暴力と人権救済を考えるとき、日本社会が軍事同盟や軍事協力を再検討する機会をICC規程は明確かつ重要な形で提示していることを、私たちは忘れてはならず、また無視すべきでもない。そして、その視点から沖縄に押しつけられた犠牲と矛盾が現状ばかりでなく歴史的にも明らかにされたとき、日本政府にも公正な謝罪と賠償が請求されるべきである。

*1 　上村英明「国際刑事裁判所設立——沖縄から見える米国と日本」沖縄タイムス2002年7月16日朝刊。
*2 　Amnesty International Press Release, IOR 40/008/2002, News Service No.64, 11 April 2002.
*3 　UN Document, S/RES/1422(2002).

- *4 UN Document, S/RES/1487(2003).
- *5 ASPAは以下のウェブ・サイトで読むことができる。http://www.iccnow.org/documents/otherissues/aspa/aspa.pdf, (November 24, 2003)
- *6 BIAsに関しては、以下のウェブ・サイトを参照されたい。http://www.iccnow.org/documents/UsandICC/BIAs.html, (November 24, 2003)
- *7 毎日新聞2002年7月4日朝刊。
- *8 「EU指針原則」は、Council of the European Union Document, Brussels 30 September 2002, 12488/1/02 REV1の付帯文書で、以下のウェブ・サイトで読むことができる。http://www.iccnow.org/documents/declarationsresolutions/intergovbodies/EUConclusions30Sept02.pdf, (November 24, 2003)
- *9 Amnesty International, AI INDEX, IOR 40/025/2002, 2 September 2002.
- *10 「日米地位協定」と米軍犯罪に関しては、地位協定研究会『日米地位協定逐条批判』(新日本出版社、1997年)第7章を参照。
- *11 たとえば、韓国では、2002年6月在韓米軍の装甲車によって2人の女子中学生が轢殺されたが、公務中の事件として米軍内で裁判が行われ、同年11月の米軍事裁判所は、容疑者に無罪を言い渡した。これによって、12月韓国各地で判決の無効、「米韓地位協定」の改定などを求める大抗議行動が行われた。「公務中」の犯罪に対する第一次裁判権が米国の軍事裁判所にあるという規定は、「日米地位協定」「米韓地位協定」「NATO地位協定」に共通している。
- *12 2002年11月には、沖縄で米軍士官による女性暴行未遂事件が起きたが、米軍側は身柄の引渡しを拒否し、沖縄では「日米地位協定」改定の要求が各地で再提起された。

ICC規程署名・批准／加入国（138カ国）

国名	署名	批准／加入
アイスランド	1998.8.26	2000.5.25
アイルランド	1998.10.7	2002.4.11
アフガニスタン		2003.2.10
アメリカ合衆国	2000.12.31（2002年5月に署名撤回）	
アラブ首長国連邦	2000.11.27	
アルジェリア	2000.12.28	
アルゼンチン	1999.1.8	2001.2.8
アルバニア	2002.7.18	2003.1.31
アルメニア	1999.10.1	
アンゴラ	1998.10.7	
アンティグアバーブーダ	1998.10.23	2001.6.18
アンドラ	1998.7.18	2001.4.30
イエメン	2000.12.28	
イギリス	1998.11.30	2001.10.4
イスラエル	2000.12.31	
イタリア	1998.7.18	1999.7.26
イラン	2000.12.31	
ウガンダ	1999.3.17	2002.6.14
ウクライナ	2000.1.20	
ウズベキスタン	2000.12.29	
ウルグアイ	2000.12.19	2002.6.28
エクアドル	1998.10.7	2002.2.5
エジプト	2000.12.26	
エストニア	1999.12.27	2002.1.30
エリトリア	1998.10.7	
オーストラリア	1998.12.9	2002.7.1
オーストリア	1998.10.7	2000.12.28
オマーン	2000.12.20	
オランダ	1998.7.18	2001.7.17
ガーナ	1998.7.18	1999.12.20
カーボベルデ	2000.12.28	
ガイアナ	2000.12.28	
カナダ	1998.12.18	2000.7.7
ガボン	1998.12.22	2000.9.20
カメルーン	1998.7.17	
韓国	2000.3.8	2002.11.13
ガンビア	1998.12.4	2002.6.28
カンボジア	2000.10.23	2002.4.11
ギニア	2000.9.7	2003.7.14
ギニアビサウ	2000.9.12	
キプロス	1998.10.15	2002.3.7
ギリシア	1998.7.18	2002.5.15
キルギス	1998.12.8	
クウェート	2000.9.8	
グルジア	1998.7.18	2003.9.5
クロアチア	1998.10.12	2001.5.21
ケニア	1999.8.11	
コートジボワール	1998.11.30	
コスタリカ	1998.10.7	2001.6.7
コモロ	2000.9.22	
コロンビア	1998.12.10	2002.8.5
コンゴ共和国	1998.7.17	
コンゴ民主共和国	2000.9.8	2002.4.11
サモア	1998.7.17	2002.9.16
サン・マリノ	1998.7.18	1999.5.13
サントメ・プリンシペ	2000.12.28	
ザンビア	1998.7.17	2002.11.13
シエラレオネ	1998.10.17	2000.9.15
ジブチ	1998.10.7	2002.11.5
ジャマイカ	2000.9.8	
シリア	2000.11.29	
ジンバブエ	1998.7.17	
スイス	1998.7.18	2001.10.12
スウェーデン	1998.10.7	2001.6.28
スーダン	2000.9.8	
スペイン	1998.7.18	2000.10.24
スロバキア	1998.12.23	2002.4.11
スロベニア	1998.10.7	2001.12.31
セーシェル	2000.12.28	
セネガル	1998.7.18	1999.2.2

セルビア・モンテネグロ	2000.12.19	2001.9.6		ベナン	1999.9.24	2002.1.22
セントビンセントおよびグレナディーン諸島		2002.12.3		ベネズエラ	1998.10.14	2000.6.7
セントルシア	1999.8.27			ベリーズ	2000.4.5	2000.4.5
ソロモン諸島	1998.12.3			ペルー	2000.12.7	2001.11.10
タイ	2000.10.2			ベルギー	1998.9.10	2000.6.28
タジキスタン	1998.11.30	2000.5.5		ポーランド	1999.4.9	2001.11.12
タンザニア	2000.12.29	2002.8.20		ボスニア・ヘルツェゴビナ	2000.7.17	2002.4.11
チェコ	1999.4.13			ボツワナ	2000.9.8	2000.9.8
チャド	1999.10.20			ボリビア	1998.7.17	2002.6.27
中央アフリカ	1999.12.7	2001.10.3		ポルトガル	1998.10.7	2002.2.5
チリ	1998.9.11			ホンジュラス	1998.10.7	2002.7.1
デンマーク	1998.9.25	2001.6.21		マーシャル諸島	2000.9.6	2000.12.7
ドイツ	1998.12.10	2000.12.11		マケドニア	1998.10.7	2002.3.6
ドミニカ		2001.2.12		マダガスカル	1998.7.18	
ドミニカ共和国	2000.9.8			マラウィ	1999.3.2	2002.9.19
トリニダード・トバゴ	1999.3.23	1999.4.6		マリ	1998.7.17	2000.8.16
ナイジェリア	2000.6.1	2001.9.27		マルタ	1998.7.17	2002.11.29
ナウル	2000.12.13	2001.11.12		南アフリカ	1998.7.17	2000.11.27
ナミビア	1998.10.27	2002.6.25		メキシコ	2000.9.7	
ニジェール	1998.7.17	2002.4.11		モーリシャス	1998.11.11	2002.3.5
ニュージーランド	1998.10.7	2000.9.7		モザンビーク	2000.12.28	
ノルウェー	1998.8.28	2000.2.16		モナコ	1998.7.18	
バーレーン	2000.12.11			モルドバ	2000.9.8	
ハイチ	1999.2.26			モロッコ	2000.9.8	
パナマ	1998.7.18	2002.3.21		モンゴル	2000.12.29	2002.4.11
バハマ	2000.12.29			ヨルダン	1998.10.7	2002.4.11
パラグアイ	1998.10.7	2001.5.14		ラトビア	1999.4.22	2002.6.28
バルバドス	2000.9.8	2002.12.10		リトアニア	1998.12.10	2003.5.12
ハンガリー	1999.1.15	2001.11.30		リヒテンシュタイン	1998.7.18	2001.10.2
バングラデシュ	1999.9.16			リベリア	1998.7.17	
東ティモール		2002.9.6		ルーマニア	1999.7.7	2002.4.11
フィジー諸島	1999.11.29	1999.11.29		ルクセンブルク	1998.10.13	2000.9.8
フィリピン	2000.12.28			レソト	1998.11.30	2000.9.6
フィンランド	1998.10.7	2000.12.29		ロシア連邦	2000.9.13	
ブラジル	2000.2.7	2002.6.20		合計	139カ国	92カ国
フランス	1998.7.18	2000.6.9				
ブルガリア	1999.2.11	2002.4.11				
ブルキナファソ	1998.11.30					
ブルンジ	1999.1.13					

※2003年12月末日現在

米国不処罰二国間協定の状況

署名国：70カ国
批准国：13カ国
45カ国が公式に署名を拒否
ICC規程批准国92カ国のうち60カ国が未署名
ICC規程批准国のうち22カ国が米国の援助カットにもかかわらず未署名

*批准、**実施協定の署名

アフリカ……22カ国	中東……6カ国	オセアニア……7カ国
ウガンダ**	イスラエル**	ソロモン諸島
ガーナ*	エジプト（未確認）	ツバル
ガボン	クウェート（未確認）	トンガ
ガンビア*	チュニジア（未確認）	ナウル
ギニア（未確認）	バーレーン	パラオ
コートジボワール	モロッコ（未確認）	マーシャル諸島
コンゴ民主共和国**		ミクロネシア
ザンビア	アジア……15カ国	
シエラレオネ*	アフガニスタン**	
ジブチ	インド**	
セーシェル	カンボジア	
セネガル	スリランカ	
トーゴ	タイ	
ナイジェリア**（未確認）	ネパール	
ボツワナ**	パキスタン	
マダガスカル	バングラデシュ	
マラウィ**	東ティモール*	
モーリシャス	ブータン	
モーリタニア*	フィジー	
モザンビーク	フィリピン**	
リベリア	モルディブ	
ルワンダ	モンゴル	
	ラオス	
中南米……10カ国		
アンティグア・バーブーダ**	ヨーロッパ……10カ国	
エルサルバドル	アゼルバイジャン	
ガイアナ	アルバニア*	
コロンビア**	ウズベキスタン	
ドミニカ共和国	カザフスタン	
ニカラグア*	キルギス	
パナマ*	グルジア*	
ベリーズ	タジキスタン*	
ボリビア	ボスニア・ヘルツェゴビナ*	
ホンジュラス*	マケドニア*	
	ルーマニア	

※2004年1月16日現在（CICCホームページより作成）

あとがき

　恵泉女学園大学には、2001年4月に大学院人文学研究科国際社会文化専攻が開設された。この専攻は「多文化共生論」と「国際共生論」の2コースから成る。いずれのコースにおいても「社会文化的」(socio-cultural)視点から、異民族・宗教・文化間の「共生」の可能性を探求し、それを阻害する要因を解明し、それらの要因を取り除く道筋を模索しようとするものである。そしてこれを、第1のコースでは限定された地域あるいは国家共同体内の問題に、第2のコースでは複数の共同体間に生起する国際関係の問題に、それぞれ力点を置いて解明を試行する。本学は、キリスト教を教育理念の基盤に置く女子大学であることに鑑み、大学院においても、とりわけ宗教とジェンダーの側面から問題にアプローチすることが求められている。

　このような大学院の開設を記念して、2001年の秋に、「アジアにおけるジェンダー研究の最前線──戦争、暴力、正義：変革の主体としての女性」と題する国際シンポジウムが開催された。この成果を受ける形で、1年後の2002年11月に、2人の海外ゲストを招いて講演会とシンポジウムを開いた。「国際刑事裁判所の可能性と課題──紛争下の暴力を裁く国際機構の役割」と題するこの講演会とシンポジウムの記録に、会の企画・実行責任者の一人・上村英明氏らの論文を加えて、整理・編集されたものが本書の内容である。

　筆者は、講演会とシンポジウムに出席して、本大学院の設立趣旨に照らしても、現今の国際的状況から見ても、これに学ぶべきことが非常に多くあった。一定の地域内において（たとえばパレスチナ）、あるいはテロ行為に対するアメリカ主導の軍事的介入によって（たとえばアフガニスタン、イラク）、紛争・戦争が頻発し、異民族・宗教・文化間の「共生」が阻害され、お互いの「正義」を武力でもって貫徹しようとする結果、とりわけ女性・子どものなかに大量の戦争犠牲者を輩出している現今、真実の意味における正義が公正という視点からよりよい形で実現されることが、21世紀の初頭において人類に課された課題といえよう。この課題を果たす方法の一環として、普遍的管轄権を持ち、常設で、政治的に独立した形で戦争犯罪や人道に対する罪を裁き、戦争犠牲者の救済に筋道をつける国際的裁判機構の設立が必須といえよう。長年の努力と準備の末、2003年の初頭にハーグに設置された「国際刑事裁判所」は、まさに上述のような国際的ニーズに応えようとするものであった。

　すでに2002年7月に発効している「国際刑事裁判所規程」は、このシンポジウムが開かれた時点において、60数カ国によって署名・批准されているのに、米国政府はこれを拒否するばかりか、これに反対運動を展開しており、日本政府も米国に追随していた。この構図は、その後の米国によるイラク戦争の遂行と日本による自衛隊のイラク派遣に対応している。国際刑事裁判所に対して積極に関わってきたドイツと、消極的にしか関わりえない日本とは、イラク戦争に対する彼我の対照的姿勢にも、人権感覚の有無も相関していよう。

2004年1月20日

　　　　　　　　　　　　　　恵泉女学園大学大学院人文学研究科長　　荒井　献

著者プロフィール

クラウス・クレス (Claus Kress)
1966年生まれ。ケルン大学国際刑法学部上級研究員、ケンブリッジ大学ゴンビル・カイウス・カレッジ名誉主任研究員。主要業績は以下のとおり。
・The Rome Statute and Domestic Legal Orders, vol. I: General Aspects and Constitutional Issues, and International and National Prosecution of Crimes under International Law (2001)
・Jurisdiction and Cooperation in the Statute of the International Criminal Court: Principles and Compromises (2 Yearbook of International Humanitarian Law 143 [1999]; together with Hans-Peter Kaul)
・War Crimes Committed in Non-International Armed Conflicts and the Emerging System of International Criminal Justice (30 Israel Yearbook on Human Rights 103 [2000])
・The 1999 East Timor Crisis and the Threshold of the Law on War Crimes (Criminal Law Forum 1 [2002]).

ヴァヒダ・ナイナール (Vahida Nainar)
1965年生まれ。NGO「ジェンダー正義のための女性コーカス」理事（元代表）。主要業績は以下のとおり。
・Gender in the International Criminal Court, Amman, Jordan, at the Arab Conference on an International Criminal Court organized by Mizan Human Rights Law Group and SIGI (2000).
・International Criminal Court and its Relevance for Women, Panchigani, India, at the National Conference on "Human Rights, Social Movements, Globalization and the Law" organized by the India Center for Human Rights and Law, Bombay (2000).

東澤 靖（ひがしざわ・やすし）
1959年生まれ。弁護士、国際刑事弁護士会（ICB）理事、（社）自由人権協会事務局長、日本弁護士連合会国際人権問題委員会事務局長。主要業績は以下のとおり。
・『入門国際刑事裁判所——紛争下の暴力をどう裁くのか』（共著、現代人文社、2002年）
・『女性国際戦犯法廷の全記録I・II』（共同編集、緑風出版、2002年）
・「女性国際戦犯法廷が国際刑事裁判所にもたらすもの」（西野留美子ほか編『裁かれた戦時性暴力』所収、白澤社、2001年）
・「国際刑事裁判所」（内海愛子ほか編『戦犯裁判と性暴力』所収、緑風出版、2000年）
・「2000年の設立に向かう国際刑事裁判所」（日弁連『自由と正義』50巻1号、1999年）

寺中 誠（てらなか・まこと）
1960年生まれ。社団法人アムネスティ・インターナショナル日本事務局長。主要業績は以下のとおり。
・『入門国際刑事裁判所——紛争下の暴力をどう裁くのか』（共著、現代人文社、2002年）
・『平和・人権・NGO』（共著、新評論、2004年刊行予定）
・『インターネット法学案内』（共著、日本評論社、1998年）

前田 朗（まえだ・あきら）
1955年生まれ。東京造形大学教授、日本民主法律家協会理事、アフガニスタン国際戦犯民衆法廷共同代表、イラク国際戦犯民衆法廷呼びかけ人。主要業績は以下のとおり。
・『戦争犯罪と人権』（明石書店、1998年）
・『戦争犯罪論』（青木書店、2000年）
・『平和のための裁判・増補版』（水曜社、2000年）
・『女性に対する暴力』（編訳、明石書店、2000年）
・『戦時・性暴力をどう裁くか・増補版』（共編訳、凱風社、2000年）
・『ジェノサイド論』（青木書店、2002年）
・『刑事人権論』（水曜社、2002年）
・『入門国際刑事裁判所——紛争下の暴力をどう裁くのか』（共著、現代人文社、2002年）
・『ブッシュの戦争犯罪を裁くPart1-3』（共著、現代人文社、2002-2003年）
・『アフガニスタン女性の闘い』（編訳、耕文社、2003年）
・『民衆法廷の思想』（現代人文社、2003年）

上村英明（うえむら・ひであき）
1956年生まれ。恵泉女学園大学助教授、市民外交センター代表。主要業績は以下のとおり。
・The Colonial Annexation of Okinawa and the Logic of International Law: the Formation of an 'Indigenous People' in East Asia, "Japanese Studies" Vol. 23 No.2, September 2003.
・「国連中心主義の下での政策なき日本の人権外交——人権に関する日本の外交政策とその歴史」（『愛知大学国際問題研究所紀要』第118号、愛知大学国際問題研究所、2002年）
・「グローバル化時代と国際人権法の歴史的役割——先住民族・民族的少数者の『人間の安全保障』」（勝俣誠編著『グローバル化と人間の安全保障——行動する市民社会』所収、日本経済評論社、2001年）
・『先住民族の「近代史」——植民地主義を超えるために』（平凡社、2001年）
・「国際刑事裁判所」（明治学院大学国際平和研究所『PRIME』9号、1998年）

齊藤小百合（さいとう・さゆり）
恵泉女学園大学助教授。主要業績は以下のとおり。
・『CD-ROMで学ぶ現代日本の憲法』（共著、法律文化社、2003年）

「正義」の再構築に向けて
国際刑事裁判所の可能性と市民社会の役割

2004年3月1日　第1版第1刷発行

編　者……恵泉女学園大学・大学院
監　修……上村英明・齊藤小百合・東澤靖
発行人……成澤壽信
編集人……西村吉世江
発行所……株式会社 現代人文社
　　　　　〒160-0016　東京都新宿区信濃町20　佐藤ビル201
　　　　　電話：03-5379-0307（代表）　FAX：03-5379-5388
　　　　　Eメール：daihyo@genjin.jp（代表）　hanbai@genjin.jp（販売）
　　　　　Web：www.genjin.jp
　　　　　振替：00130-3-52366
発売所……株式会社 大学図書
印刷所……株式会社 シナノ
装　丁……加藤英一郎

検印省略　Printed in JAPAN
ISBN4-87798-160-8　C0032
©2004　恵泉女学園大学・大学院

本書の一部あるいは全部を無断で複写・転載・転訳載などをすること、または磁気媒体等に入力することは、法律で認められた場合を除き、著作者および出版者の権利の侵害となりますので、これらの行為をする場合には、あらかじめ小社または編集者宛に承諾を求めてください。

平和の種を運ぶ風になれ。

私たちの力がいつか平和という名の花園を——
恵泉女学園大学 URL http://www.keisen.ac.jp/univ/

■**人文学部** 日本文化学科／英米文化学科／国際社会文化学科／人間環境学科
■**大学院** 人文学研究科　■**平和文化研究所**　■**園芸文化研究所**

〒206-8586 東京都多摩市南野2-10-1
TEL.042-376-8217（入試広報室）　FAX.042-376-8652